避難生活の形はさまざま

CASE❶ 在宅避難

家が安全なら、自宅で避難生活を送るのが一番。親戚宅などに身を寄せる手もあります。

➡ P.94 家が安全なら在宅避難

CASE❷ 人は避難所、犬は家

人は避難所などで生活しながら、家にいる犬のお世話をしにいく生活です。

➡ P.96 家に犬を置き、お世話に通う

CASE❸ 人も犬も避難所

ペット可の避難所なら、人も犬も避難所で生活することも。動物アレルギーの人や動物嫌いの人もいる生活なので気配りが必要です。

➡ P.98 犬を受け入れてもらうには

CASE❹ 人も犬も車中泊

避難所は気兼ねする、ペットと一緒に寝起きしたいという理由で車中泊を選ぶ飼い主さんも多いのが実情。エアコンが使えるのがメリット。

➡ P.104 自家用車で犬と過ごす

CASE❺ 人も犬もテント

車中泊と同様の理由で、テント生活を送る飼い主さんも。エコノミークラス症候群のリスクが少ないのがメリット。

➡ P.106 テントで犬と過ごす

CASE❻ 犬をあずける

避難所がペット不可であるなど、自分でお世話するのがどうしても難しい場合は、動物病院などに犬をあずける手もあります。

➡ P.108 犬をあずける

合は、安全な場所にあるホテルやペンション、
利用するという避難方法もあります ➡ P.13

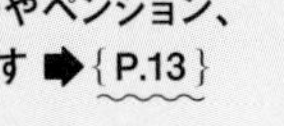

災害シミュレーション・チャート

被災時にどこにいるか、犬と一緒に避難できるか、避難生活をどこで送るか……。あらゆる状況をシミュレーションしておくことが大切です。

発災

飼い主のみ外出中に被災

あなたの外出中に災害が起こることも当然あります。家にいる犬の安全は確保できているでしょうか。

➡ P.38 家の中の安全対策

帰宅できない

帰宅できる

在宅中に被災

特に深夜や早朝は、あなたも犬も自宅にいることが多いはず。寝場所の安全は確保できているでしょうか。自宅にいれば、その後の同行避難は行いやすい状況です。

➡ P.60 被災の瞬間、どうすべきか

家にいても安全

家にいると危険

犬が脱走 迷い犬捜し

➡ P.114

帰宅できる

犬と外出中に被災

散歩や動物病院への道で被災することもあります。自分と犬を守るための行動が必要です。

➡ P.68 散歩中に一緒に被災

帰宅できない

6hour

いちばん役立つ
ペットシリーズ

犬防災
編集部・編

モノより大事なのは想像力

「ペットの防災」と聞いて、何を思い浮かべますか?

どんなグッズを揃えればいいのかな……と思う方がほとんどではないでしょうか。
しかし、もし災害発生時に飼い主さんが外出していれば、
家にどれだけグッズを揃えていようが、すぐには役に立ちません。
たくさんモノを用意しても、避難時にはそれほど多くのモノを持ち出せません。
犬を抱えて飛び出すだけで精一杯のこともあります。

避難所で犬と一緒に過ごすことを想像する人もいるかもしれません。
しかし、避難所で過ごすことだけが避難生活ではありません。
場合によっては家で避難生活を送ったり、

飼い主さんは避難所で過ごしつつ犬は家に置き、
お世話に通うという選択肢もあるのです。
そう、実際に災害に遭ったことのない人は、防災へのイメージがしづらいのです。
ですから備えも曖昧になりがち。
モノを揃えることも確かに必要ですが、それより大事なのは
「外出時に災害に遭ったとき」「家で災害に遭ったとき」
「災害時に犬が家から逃げてしまったとき」……、
あらゆるケースを想定しておくこと。
そしてそれに備えるためには何をしておけばいいかを考え、実行すること。

この本では、犬と暮らす人がやっておくべき基本の防災と、
あらゆるケースを想定したハウツー、
そして知っておくだけで対処できることが大幅に広がる
さまざまなアイデアをご紹介します。
これを機に、愛犬を守るための「あなたの防災」を始めてください。

災害時の心得五

心得その一

人命が最優先

愛犬を守るためには、まず第一にあなたが助からなければなりません。あなたが助からなければ、たとえ愛犬が生き残ったとしても、その後面倒を見てくれる人が現れるかどうかわからないのです。ですから「犬のための防災」も大切ですが、その前に「人のための防災」ができていることが大前提。地震や火災への対策、いつかなるときに避難すべきかの判断、最寄りの避難場所へのルートなど、基本的な防災の知識を得て、災害対策を行いましょう。犬のための防災は、人のための防災のうえに成り立つのです。

また、災害時にペットを連れて同行避難するのは飼い主の原則ですが、命の危険を冒してまで遂行するべきものではありません。実際に、ペットを連れ出すために自宅に戻った飼い主が災害に巻き込まれ亡くなったなどの事例がありますが、このような悲しい事故は避けたいもの。自分の命を守ったうえで愛犬をどうしたら守れるか考えてください。

自分の安全をまず確保

自宅にいるときに犬と一緒に被災したとしたら、まず自身の安全を確保してください。健康な犬なら人より俊敏ですし、生存空間＊も小さくて済むため、人間より生き延びられる確率が高いのです。まずは自分の身を守り、落ち着いたら犬を探してください。犬がパニックで捕まえられず危険が迫っているときは、同行避難をあきらめ人だけ避難することも必要です。

＊生存を維持するために必要な空間

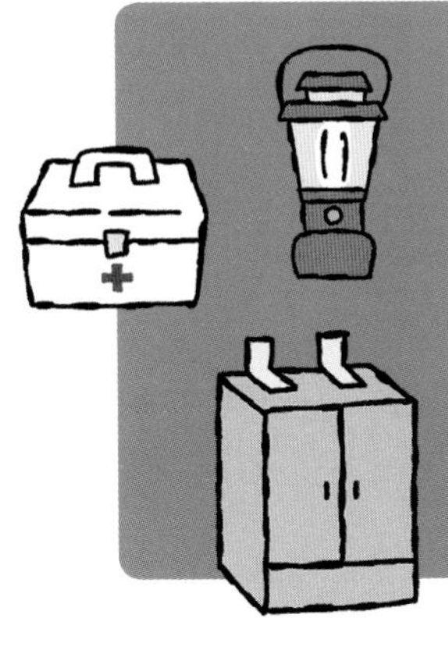

人の備えは犬の備えにもなる

自宅周辺のハザードマップや自宅建物の耐震性を調べる、家具の転倒防止策を行うなど、人用の備えの多くは室内飼いの犬にとっても備えになります。防災の基本を知るために、防災の本を読んだりインターネットで調べてみたりすることは大切です。

行政は人命優先

災害時、行政は人命優先で動くため、ペットについてはどうしても二の次になります。また避難所には動物アレルギーのある人や動物が苦手な人もいるため、ペット可だとしてもペットは屋外やペット専用スペースに入れるのが基本。飼い主との同居は不可能なことがほとんどです。

ペットや飼い主は〝災害弱者〟

災害時はパニックで被災者の気も立っています。「人の水もないのにペットに飲ませるのか？」そんな言葉が浴びせられることがあるのも事実です。一般に「災害弱者」とは高齢者や障害者、乳幼児、妊婦など災害時に不利になる人を指しますが、ペットと、ペットを守ろうとする飼い主もこの「災害弱者」にあたるのではないかと本書では考えます。助かるためには人の手を要するという点では、ペットは人間の赤ちゃんと同じですが、赤ちゃんは受け入れてもペットは受け入れない避難所があることなどを考えると、赤ちゃんを守るお母さんよりペットを守る飼い主さんのほうが課題は多いといえるでしょう。その自覚があれば、災害への備えもおのずと変わってくるはずです。

ペットのための災害対策は基本的に飼い主に任せられています。愛犬を守るためには行政に頼る気持ちを捨て、あなた自身が備える必要があります。必要なモノ・コトを準備し、正しい知識を得て、愛犬を守れる強い飼い主になりましょう。

こんな状況が想定できます

避難所に行ったら ペットは不可だといわれた

国の方針として「ペットとの同行避難」がありますが、実際の避難所の運営は各自治体や避難所責任者に委ねられています。そのため避難所によってはペット不可と決まっているところもありますし、ペット可でも状況によってはペットを受け入れられないこともあります。

人間の物資は届いても ペットの物資が届かない

最優先で運ばれるのはもちろん人用の救援物資。それもすべての避難所になかなか行き渡らないなか、ペット用の物資が手元まで届くのはいつになるかわかりません。犬を守るためには十分な量の備蓄を。

環境の変化についていけず 犬が体調不良を起こす

災害時のショックに続き、避難所などいつもと違う場所での生活を余儀なくされると犬はストレスで体調を崩しがち。ケージでの生活に慣れている、いつもと同じフードがあるなどの場合は、少しはストレスが和らぐかもしれません。

心得その三

必要な備えは家によって異なる

愛犬を守るために何を用意すればいいのか、マニュアルがほしいと思うかもしれません。ですが残念ながら「これさえしておけばカンペキ」というマニュアルはありません。住宅も違えば、犬の頭数も違う、家族構成も違うという飼い主さん全員にあてはまるマニュアルはないのです。

例えば、会社勤めでひとり暮らしの家庭では、家に人がいない時間が長いでしょうから、不在時に災害が起きた場合の犬の安否確認の方法をしっかり考えておくべきでしょう。多頭飼いしている家庭では、犬全員をどうやって運ぶのかが課題です。家族がいる場合は、まず家族同士がどうやって連絡を取り合うのか考えておくべきです。家族の安否が確認できれば犬の救助に全力を注げるでしょう。

このように、家庭によって備えておくべき事柄は変わってきます。そのため、各家庭の備えや避難の仕方はオリジナルのものになるでしょう。そのオリジナルのマニュアルを作るための基本的な考え方を、本書ではお伝えしてきます。

CASE 1

- ひとり暮らし、会社勤め
- 犬１頭（小型犬）
- マンション住まい（新耐震基準）

新しいマンションなら耐震性が高いですが、家に誰もいないときに災害が起こることを考え、犬の安否確認方法を考えておくべき。見守りカメラの導入や、マンションのペットクラブへの加入を。

CASE 2

- 夫婦２人、妻は専業主婦
- 犬２頭（中型犬）、うち１頭は持病あり
- 新築の一軒家（新耐震基準）

妻が家に１人でいるときに犬２頭を運ぶ方法を考えておく必要があります。持病のある犬は薬のストックが必須。新耐震基準を満たした新築の一軒家は比較的耐震性が高いです。

CASE 3

- 夫婦、子ども２人、おばあちゃんの計５人
- 犬１頭（大型犬）
- 古い木造住宅
- マイカーあり

足の悪いおばあちゃんをどうやって守るかが重要。古い木造住宅は耐震性が低いので、補強工事の検討を。自家用車があるなら非常用グッズをトランクに常備しておきましょう。

心得その四

自宅で被災するとは限らない

地震や火事などの災害はいつなんどき起こるかわかりません。愛犬との散歩中に発災することも十分あり得ます。屋外での身の守り方や、災害時に通ると危険な道は把握しているでしょうか。こうした災害への知識があるかないかで、愛犬とあなたの命運が分かれるかもしれません。非常用グッズを何も持っていない状況でも、知識さえあれば生き延びられる可能性が高まります。

散歩中も最低限のグッズとしてスマホは常に持ち歩きたいもの。家族と連絡を取ったり情報を得るために必要です。小型の乾電池式充電器もいつものバッグに入れておくと安心です。

自宅に犬しかいないときに災害が起こるかもしれません。あなたがいないときでも愛犬が無事でいられるように、家具の固定など安全対策をしておきましょう。フード等の備蓄ももちろん大切ですが、それは生き延びられたあとで必要になるもの。生き延びるための安全対策や知識はそれより大切といえます。

CASE 1

犬と散歩中に被災

屋外にいるときに地震などの災害に見舞われることも。自動販売機や電柱、塀は倒れる恐れがあるので離れ、カバン等で頭を守ります。帰路が安全なら帰宅しますが、危険ならそのまま近くの避難場所へ向かいます。

➡{P.68} 散歩中に一緒に被災

CASE 2

犬だけで留守番しているときに被災

家具の下敷きになることがないよう、家具の固定をしっかりと。帰宅困難になることもあるため、飲み水をあちこちに用意。地震で家がゆがみドアが開けられないこともあるため、室内のドアにはストッパーを付けておくと◎。

➡{P.38} 家の中の安全対策

CASE 3

ドライブ中に被災

ドッグランへのお出かけや愛犬との旅行中に災害が起こることも。渋滞等で帰宅困難になることもあるためフードや排泄物処理グッズを用意しておくと◎。運転中に地震が起きたら道の左側に停車して揺れが収まるまで待ちます。

➡{P.67} 車で避難してもいい？

心得その五

複数の避難先を想定する

2019年に発生した新型コロナウイルスの影響で、避難所に多くの人が集まるのは極力避けたほうがいいとされています。ソーシャルディスタンスを保ち感染を避けるために、避難所に入れる人数も以前より少なく設定されています。つまり、避難所に行くのは最後の選択肢。在宅避難を基本とし、それができないときは親戚や友人宅に身を寄せるなど、避難所以外の避難先をあらかじめ用意しておきましょう。平時に仲のよい犬友と「非常時は相手の犬をあずかる」という約束を交わしておけると安心です。

特に事前に予想できる台風や大雨等の災害の場合、危険になる前に避難する「予備避難」を行いましょう。その際の避難先は例えば、「台風のルートに入っていないペット可のペンションで過ごす」、「人はホテル、犬はペットホテルに宿泊する」、「浸水の危険のない立体駐車場で愛犬と一緒に一晩過ごす」など柔軟に対応したいもの。感染のリスクに怯えながら避難所で過ごすより快適なはずです。

CASE 1

ペット可のペンション に予備避難

犬と一緒に泊まれるペンションで台風等が過ぎ去るのを待ちます。多少費用はかかりますが快適に過ごせるはず。自治体によっては風水害時に宿泊施設に避難する際の宿泊費を助成してくれるところもあります。

CASE 2

立体駐車場に車で 予備避難

自宅に浸水の危険があるときは、トイレがある24時間営業の立体駐車場で過ごすのも手。店舗併設の駐車場なら必要なモノを買うこともできます。車中泊用のグッズを揃えておき、自宅には浸水を防ぐ土のうなどの対策を施しておきます。

➡ {P.104} 自家用車で犬と過ごす

CASE 3

犬友の家に 予備避難

浸水等の危険がない友人宅に避難して台風等をやり過ごすこともできます。犬だけならあずかってくれる場合もあるでしょう。一方的に頼るのではなく、お互いに災害時は助け合う気持ちが必要。

➡ {P.44} いざというとき頼れるのは人

CONTENTS

第2章 災害発生！　そのときどうする

第3章 避難生活の送り方

巻末付録

第1章

備えがすべて

同行避難に必要なモノ

モノの備え 1

小型犬・子犬

キャリーはリュックタイプか肩掛けできるもの

手は安全のためなるべく空けておきます。クレート用のショルダーベルトも市販されています。

キャリーバッグに犬を入れる

首輪とリードを付けたうえでキャリーに入れます。クレートタイプなら避難先でハウスとして使用できます。

運べるのは10～15kgが限界

運べる荷物は女性で10kg、男性で15kgが限界といわれています。犬やキャリーも含めての重量です。

ガムテープでキャリーを補強

落としたときにキャリーが分解することも。ガムテープをぐるりと巻いたり、風呂敷でキャリーを包むと◎。

災害時の避難は徒歩が基本です。車は道路状況によっては使えないことがありますし、渋滞などでかえって危険な状況に陥る恐れが。そのため徒歩で避難する術を考えておく必要があります。

小型犬や子犬はリードで連れ歩くのではなくキャリーバッグに入れて運ぶのが◎。そのほうがすばやく移動できます。中・大型犬はリードやハーネスで連れ歩きますが、首輪やハーネスが抜けやすくなっていないか確認を。犬用カートも道路状況によっては使えない恐れがあります。

POINT

一番大切なのは当然ながら自分と家族と犬の命。安全に同行避難するためのグッズとプランから考えよう。

中・大型犬

リードをしっかり持つ

災害時に離ればなれになってしまっては大変。輪を手首に通すなどしてしっかり握ります。ロングリードや伸縮リードは事故の恐れがあるのでノーマルリードを。

プレミアカラー

リードを引っ張ることで締まるプレミアカラーやハーフチョークは、着けやすく脱走のリスクが少ないというメリットが。

可能なら靴を履かせる

道路に散乱したガラスなどでケガする危険を避けられます。なければバンデージを巻いて保護しても。

P.54 服や靴に慣らす

首輪がすっぽ抜けないよう調整

人の指が１本入るくらいがちょうどよい長さ。災害時の放浪生活で痩せてしまい首輪が抜け身元がわからなくなる例もあるため、緩すぎないよう調整を。

リードは複数用意

避難生活で犬の安全を守るリードが１本だけなのは心もとないもの。予備のリードやハーネスがいくつかあると安心です。避難所等での係留に備え、チェーンやワイヤー入りリードも用意しておくと◎。

ハーネスには抜けやすいタイプも

首周りを一周していないタイプのハーネスは、犬が動くまいとして踏ん張ったときに前に引っ張ると簡単に抜けてしまいます。災害時には犬が怯えて動かなくなることも考えられるため別のタイプを用意して。

多頭飼い

1頭はキャリー、1頭はリードで連れて行く

1人で2頭以上のリードを引いて歩くのは、災害時は特に危険です。キャリーに入れられる大きさの犬はキャリーに入れ、リードを引くのは1頭にするのがベター。

キャリーは耐荷重をチェック

小型犬や子犬はひとつのキャリーに複数頭入れて運んでも。ただし耐荷重をオーバーすると壊れる危険があります。キャリーが取り外しできる分離型ペットカートなら、道が問題なければカートで運ぶこともできます。

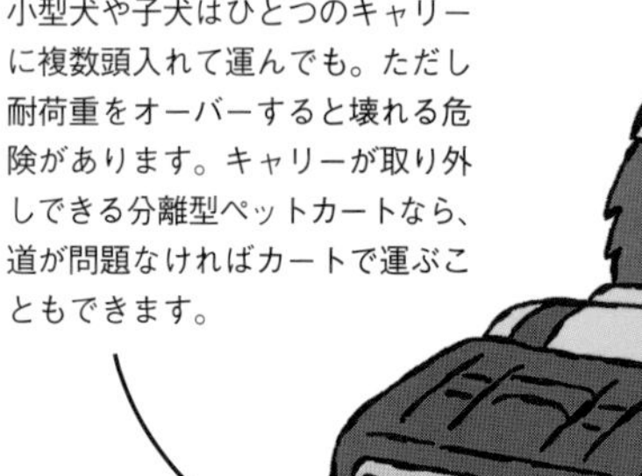

MEMO

避難時の人の装備

人間は長袖・長ズボンが基本。手をケガから守るための手袋や軍手をし、足元は履き慣れたスニーカーや安全靴が◎。頭にはヘルメットや防災ずきん、なければキャップなどを被って。粉塵等を吸い込まないためのマスクや、夜間は懐中電灯も必要です。

多頭引きリードのリスク

1本のリードで2頭以上を引くことができるリードもありますが、万一手を離れて脱走するとリードが何かに絡み犬が身動きとれなくなるリスクが高まってしまいます。どうしても2頭以上をリードで連れ歩く場合はそれぞれに1本ずつリードを付けたほうがまだリスクを減らせるでしょう。

歩けない中・大型犬

大型犬用リュックキャリー

犬の胴体を袋に入れ込みリュックのように担ぐタイプのキャリー。犬が暴れると脱走の危険があるため、基本的には動けない犬を運ぶためのものです。

大型犬用抱っこひも

45kgくらいまでの犬を運ぶことができる抱っこひもがあります。もちろん体力のある人でないと運べませんし、他の荷物はあきらめる必要があるでしょう。

2人いれば担架で運んでも

1人では抱えられない大型犬をなんとか運びたいとき、2人がかりで担架で運ぶ手もあります。物干し竿など長い棒2本に服の袖を数枚通せば簡易担架の出来上がり。1人でも運べるキャスター付きの大型犬用担架も市販されています。

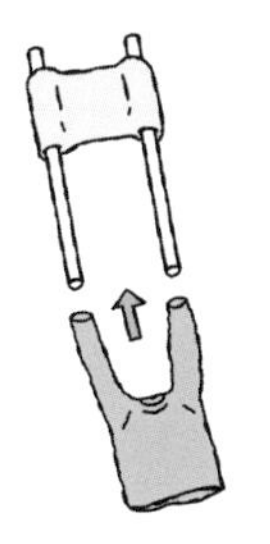

人間1人が連れ歩くのは犬1頭が基本。**多頭飼いの家は、犬全員をどうやって運ぶか考えておく必要があります。**「うちは家族4人いるから大丈夫」と思っていても、被災時には家に1人しかいないことも。あらゆるパターンを想定して「1人しかいない場合はこうする」など考えておきましょう。**家族の人数を超える犬を多頭飼いするのは、災害時は危険を伴う**ことも頭に入れておく必要があるでしょう。

病気や障害で歩けない犬は人が運ぶ必要がありますが、体重の重い大型犬を運ぶのは至難の業。犬用カートが使えない道路状況であることも想定して、**大型犬用抱っこひもなどを用意しておく**と安心です。

モノの備え2
命に関わるフードと薬

ドライフード

ドライフードは軽くて栄養価が高く、賞味期限も長いため、災害時に重宝します。食べ慣れたフードを備蓄しておきましょう。

ウエットフード

ドライより嗜好性が高く、水分を一緒に摂れるのがメリット。高齢犬やストレスに弱い犬には高栄養タイプを用意しておくと◎。缶詰よりパウチのほうが軽く、ゴミの処分もしやすいです。

犬用おやつ

避難生活中、犬がストレスでいつものフードを口にしないことも。そんなとき大好物のおやつがあれば食欲を取り戻すきっかけが作れます。

災害時に優先して配給されるのは当然、人間用の物資です。ペット用の物資の到着は時間がかかりますし、過去の大規模災害では半年以上ペットの救援物資が届かなかった例もあります。以前は「食糧備蓄は3日分」が定説でしたが、現代では命に関わるフードはなるべく多く備蓄しておくのが正解です。家にたくさん備蓄しておくほか、はじめに持ち出す非常用袋の中にも必ず入れておきましょう。持病の薬がある場合も同様。多めに処方してもらい、ストックを非常用袋の中に入れて。

POINT

せっかく避難できても、食べ物がなくては弱ってしまう。ドッグフードと持病の薬は最初に持ち出そう。

ローリングストック法で賢く備蓄

非常用袋に入れておいたドッグフードは賞味期限切れだった……
なんてことが起こらないよう、日常生活のなかで消費しながら備蓄をするのが
「ローリングストック法」。フードを無駄にすることのない賢い備蓄法です。

《 備える 》

大容量パックより小分けパックのほうが劣化しにくい

賞味期限が近い順に並べておくとGOOD!

《 多めに買い足す 》

《 日常で消費 》

フードだけでなくペットシーツなど消費物はすべてローリングストックで備えよう!

保管に適した場所

フードに記載されている賞味期限は正しい方法で保管した場合の期日です。不適切な場所で保管していたら、未開封でも劣化が早まります。適切な保管場所とは直射日光が当たらず温度変化が少ない冷暗所。そのため屋外の倉庫や車のトランクは適しません。「車にひと通りの非常用品を揃えておきたい」という場合は、車内のフードを早めに消費し新しいものと入れ替えましょう。

いろんなフードに慣らしておく

ドライやウエット、いろんなドッグフードを食べられると安心

「うちの犬はこのメーカーのこのフードしか食べない」では、救援物資のドッグフードは食べられないことに。健康面に問題がなければ、普段からいろんなフードを与えて極力好き嫌いをなくしましょう。また避難生活中は食材や調理方法も限られるため犬用手作り食は与えられないことが。手作り食しか食べ慣れていないと、災害時には困ったことになってしまいます。

避難生活中、おにぎりやパンで飢えをしのいだ例も

被災中、人間の食料を犬に与えて急場をしのいだ例もあります。人間用に味付けされた食べ物は犬にとっては塩分等が多すぎ体によくはありませんが、他に与えられるものがなければ背に腹は代えられません。塩分や味付けができるだけ薄いものを選びましょう。

犬に危険な食べ物

- ネギ類
（タマネギ、長ネギ、ニラ、ニンニクなど）
- チョコレート
- 鳥の骨
- 生の魚介類
（魚、イカ、タコ、エビ、カニ）
- ブドウ、干しブドウ

人間と犬では代謝できるものが違うため、人には無害でも犬にとっては有害な食べ物が複数あります。非常時に人間用の食べ物しかないときでも、左記の食べ物は与えてはダメ。治療もままならない非常時に中毒を起こしてしまっては大変です。玉ネギ入りのハンバーグなど加工品の中に危険な食材が入っていることもあるので注意して。

持病の薬は最優先で持ち出す

投薬補助食品やシリンジも

薬を飲ませるために投薬補助食品やシリンジを使っているなら一緒に持ち出す必要があります。薬だけ持ち出して、飲ませるためのグッズがない！　ということにならないように。

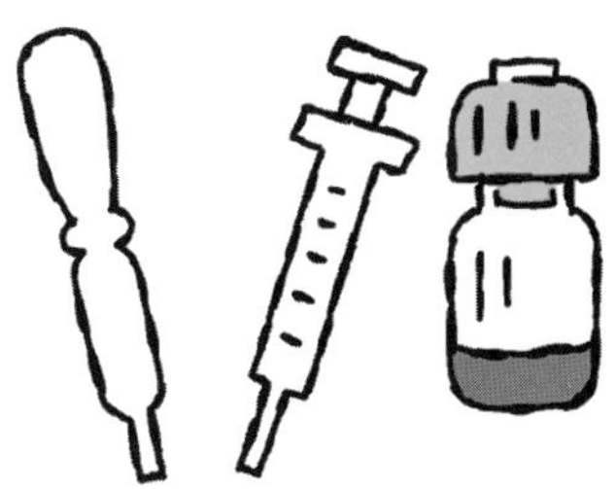

多めに処方してもらいストック

災害時にはかかりつけの動物病院も被災します。すぐに薬が入手できないことを想定して、多めに処方してもらっておくと安心。災害時には他の動物病院でも処方してもらえるよう、薬品名や用量を記録しておいて。

療法食も同じ

普段療法食を与えていて災害時に入手できないと病気が悪化することに。十分にストックしておきましょう。できれば同じ効果をもつ他メーカーのフードも調べておいたり、普段から与えておくと非常時の選択肢を増やすことができます。

犬を落ち着かせるためのグッズも

自宅以外で避難生活を送ったり、自宅でも普段とは異なる生活を送るかもしれないことを考えると、犬を精神的に落ち着かせることのできるグッズを用意しておくのも◎。犬のストレスを緩和する効果があるとされるフェロモン剤やレメディ剤が市販されています。ただし体の不調がある場合は獣医師の診察も必ず受けて。

モノの備え3 犬の身元表示は欠かせない

マイクロチップ

首輪が外れても皮下に埋め込んだマイクロチップがあれば身元が割り出せます。センターに飼い主情報を登録することも忘れずに。

迷子札

鑑札等から飼い主を割り出すには市区町村のデータベースでの照合が必要。迷子札に飼い主情報を記しておけば一目瞭然です。

鑑札

鑑札と狂犬病予防注射済票は犬への装着が義務付けられています。鑑札の番号から飼い主情報が割り出せます。

狂犬病予防注射済票

装着していないと避難所に入れない恐れがあります。ペットホテルや動物病院でのあずかりを拒否されることも。

POINT

犬と離ればなれになる可能性も考え、飼い主情報を必ず装着しておこう。いざというときの命綱になる。

非常用袋に入れておくモノ

愛犬の写真

万一愛犬が迷子になってしまったときに必要。写真がなければ捜索チラシを作ることもできません。あらかじめ捜索チラシを作っておくのもおすすめ。

飼い主と犬の写真は飼い主証明になる

迷子になった犬がどこかに保護された場合、犬を引き取るには「自分が確かに飼い主である」という証明が必要です。

犬の健康手帳

アニマルシェルターなどに犬をあずけたい場合、犬の病歴や健康状態がわかるデータがあるとスムーズです。

➡ P.124 書き込み式　愛犬の健康手帳

これらの画像やデータはスマホに入れておいても。Googleドライブなどのファイル保管サービスに残しておくのも◎。家族で共有もできます。

災害時には犬が脱走して離ればなれになることも考えられます。そのときに犬を守ってくれるのは鑑札などの身元表示。東日本大震災で保護された犬のうち、鑑札や迷子札を付けていた85頭は全員飼い主が判明しました。しかし首輪のみだった614頭のうち飼い主がわかったのはたったの3頭。せっかく命が助かっても、身元表示がなければ飼い主の元に戻れないのです。「首輪をしていると窮屈でかわいそう」と家の中では首輪を外している人もいるかもしれませんが、発災時に犬だけが在宅していることもあることを考えると常に首輪や鑑札を付けておくことが大切。そうでないと、もっとかわいそうなことになるかもしれないのです。

モノの備え4 ペットシーツ活用術

《 保冷剤代わりの使い方 》

1 ファスナー付きポリ袋に入れる

あればファスナー付きポリ袋にペットシーツを入れたほうが使い勝手がよくなります。

2 ペットシーツに水をたっぷり浸み込ませる

ペットシーツがずっしり重くなるまでたっぷり水を注ぎます。

3 冷凍庫が使えるなら凍らせる

ポリ袋ごと冷凍庫に入れ凍らせれば保冷剤の出来上がり。電気が使えないときはペットシーツに水を含ませただけでも多少はひんやりします。

4 お湯を使えば湯たんぽ代わりにも

水分を多く含むことができるので、お湯を浸み込ませれば湯たんぽ代わりに。ポリ袋の周りをタオルなどで覆うと保温性アップ。

ペットシーツはたくさん備蓄しておきたいもののひとつ。従来の排泄物処理のほか掃除にも使えますし、人間用の簡易トイレや赤ちゃんのおむつなどにも使える万能アイテムです。吸水ポリマー使用のペットシーツはポリマー1g当たり200〜1000㎖の水を吸収して閉じ込めることができ、その特徴を利用して保冷剤を作ることもできます。ニオイ対策グッズとしても優秀。シーツを切って使用するときは中のポリマーを犬が誤食しないよう端をテープで留めるなどの対策を。

POINT

排泄物の処理やニオイ対策のほか、マナーベルトや保冷剤が作れたり、ペットシーツは災害時に大活躍する。

ペットシーツは万能！

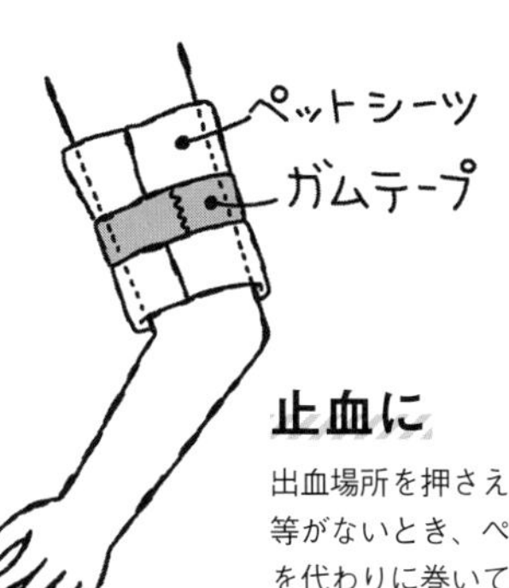

人間の簡易トイレに

水洗トイレが使えないときはペットシーツで排泄物を吸収。箱にポリ袋を被せ、中にペットシーツを敷いて使用します。

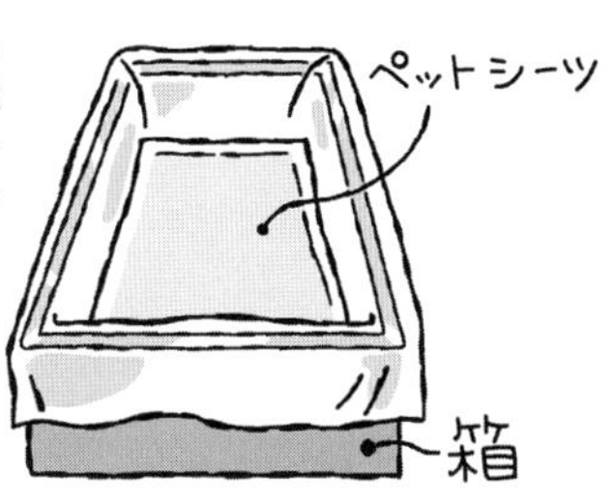

止血に

出血場所を押さえるのに包帯等がないとき、ペットシーツを代わりに巻いて。特に出血が多いときに便利。

マナーベルトに

マーキングなどの心配があるオス犬に。ペットシーツを腰にぐるりと巻いてテープで留めるだけ。

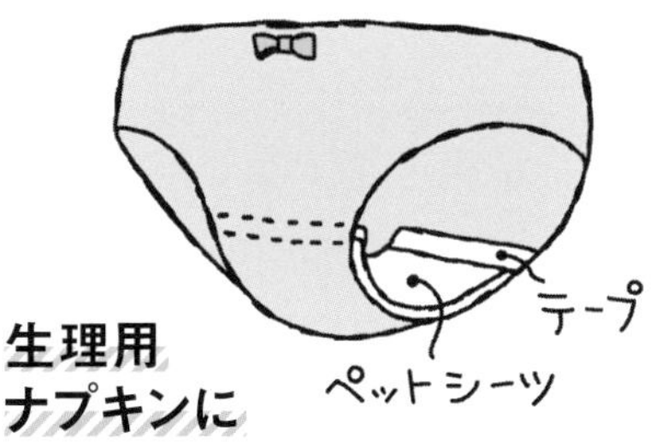

生理用ナプキンに

小さく切ったペットシーツをショーツにテープで留めます。上からトイレットペーパーや布を重ねても。

ペットシーツで排泄するトレーニングを

避難所等で生活することになった場合、犬は基本的にケージの中で過ごすことになります。ケージ内のペットシーツで排泄することができなければ、外に連れ出されるのを待つことに。我慢しつづけて膀胱炎になる恐れもあります。屋外で排泄する場合も、犬の尿を洗い流す水もないかもしれません。合図を出せばペットシーツの上で排泄できるよう、トレーニングしておくとよいでしょう。

モノの備え 5

ケージや皿は後回し

POINT

必要なモノをすべてはじめに持ち出すことはできない。モノの優先順位をつけて取捨選択しよう。

避難所で生活することになった場合は犬を入れるケージが必要ですが、避難時は徒歩が基本とされるなか、犬を連れたうえで重たいケージも一緒に運ぶのは大変。敷地内の取り出しやすいところに置いておき、同行避難後、安全が確認できたら取りに帰るなど計画を練っておきましょう。

犬用の食器もあればもちろん便利ですが、皿は新聞紙やペットボトルで手作り可能。よって優先的に持ち出す必要はありません。手作りするためのカッターやガムテープは用意しておくと便利です。

フード皿や水皿は手作りできる

新聞紙の皿

新聞紙を折って箱状にしたり、ペットボトルを切って皿を作ることができます。ペットボトルのフチでケガしないようテープで覆って。

ペットボトルの皿

ペットレスキューステッカーはリスクも有り

玄関前に貼っておく「ペットレスキューステッカー」というものがあります。飼い主さんの留守中に災害が起きた場合、善意の第三者が家の中のペットを救助してくれることを期待するものです。しかし、空き巣が家に入る口実を与えてしまうというデメリットもあり悩みどころ。最悪の場合、盗難に入られたうえ愛犬を脱走させてしまうかもしれません。

RESCUE
災害時ペットの救助をお願いします

重くてかさばるケージはあとから持ち出す

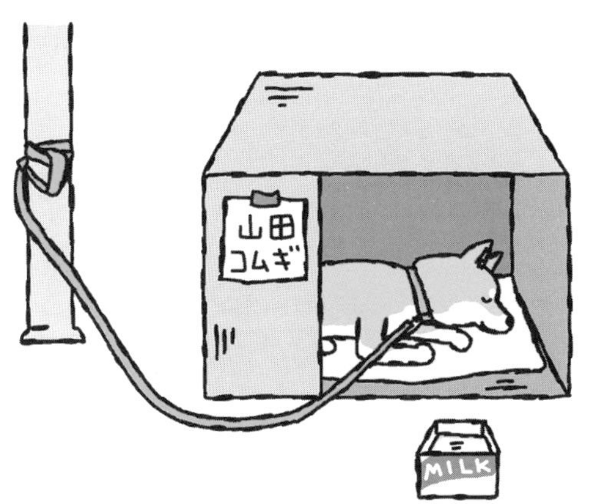

Plan 1

リードで係留＋段ボールハウスで急場をしのぐ

避難所に着いたら犬はペットスペースへ。脱走しないよう柱などにしっかり係留し、段ボールが入手できれば犬が入れるようそばに置きます。小型犬の場合はキャリーに入れたまま落ち着かせます。

➡ P.101 ケージがまだない場合

Plan 2

安全が確認できたらケージを取りに帰る

安全に帰宅できるがライフライン等の問題から自宅では生活できない場合、避難所で犬を入れるケージを取りに帰ります。避難所に残す犬には家族がついていると◎。自分しかいない場合は犬友さんやお付き合いのあるご近所さんに犬を頼めると安心です。

Plan 3

軽い布製ケージや拡張できるキャリーを用意しておく

布製ケージなら軽いのではじめに持ち出すのも比較的楽。拡張して広くできるキャリーならそのままケージとして使用することも可能です。

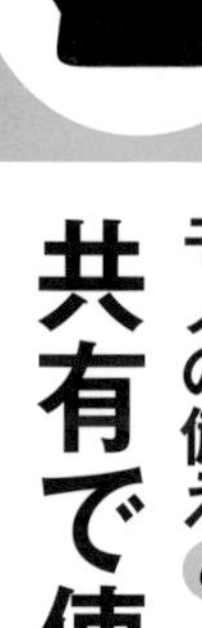

モノの備え6

共有で使える便利グッズ

布テープ・ガムテープ

段ボールなどで手作りグッズを作るときのマストアイテム。布テープを貼り油性ペンでメッセージを書けばどこでも即席伝言板に。平たくつぶせばかさばりません。

カッター

段ボールやペットボトルで皿を作ったり、食材を切るのにも使えます。丈夫な大振りのものが◎。

油性ペン

布テープや段ボールに文字を書くためのもの。太めのものを用意しましょう。水濡れにも強く、ツルツルのガムテープにも書ける特殊な油性ペンもあります。

新聞紙

防寒として体に巻いたり寝床に入れる、重ねて強度を増せば簡易スリッパや食器、コップも作れます。古新聞はある程度の数を捨てずに取っておくと◎。

ポリ袋

排泄物処理のほか、水を入れて運ぶ、鍋などを汚さず調理するなどさまざまな用途が。小さめのレジ袋から大きめのゴミ袋まで大小あると◎。

POINT

ここで紹介するのは人にも犬にも大活躍するモノばかり。はじめに持ち出す品としてぜひ揃えておこう。

人用のグッズ、犬用のグッズと分けなくとも、共有で使えるグッズがあります。こうしたグッズはぜひとも、はじめに持ち出す非常用袋に揃えておくのがおすすめ。それぞれ複数の用途に使えるので、あらかじめどんな用途に使えるのか調べておくとよいでしょう。例えば新聞紙は寒いときは靴下の上から巻いたり、骨折部分に厚めに巻いて添え木代わりにも。食品用ラップはやけどの応急処置や包帯代わりにも使えます。モノが手に入らないなかで身を助けるのは、あなたの知恵です。

粉状のスポーツドリンク

水に混ぜれば経口補水液として人にも犬にも使えます。暑い時期や、風邪などで脱水症状を起こしたときに。犬に与えるときは溶かす粉を規定の半量にします。

➡ P.84 脱水症状の応急処置

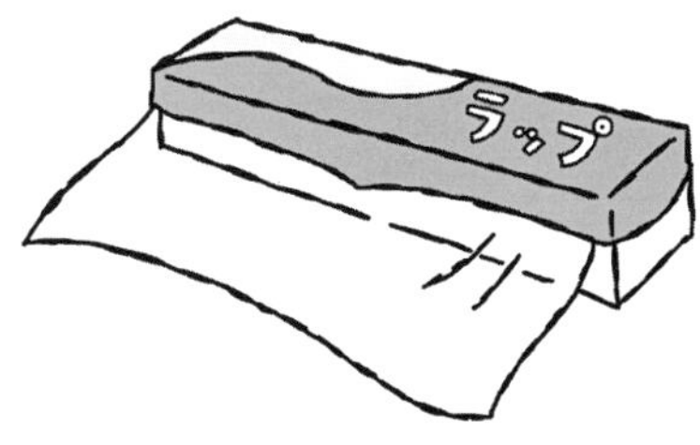

食品用ラップ

従来の食品保存の用途のほか、皿に敷いてから食べ物を乗せることで皿を汚さない（犬の誤食注意）、やけど部分を覆うなど救急グッズとしても使えます。

➡ P.82 やけどの応急処置

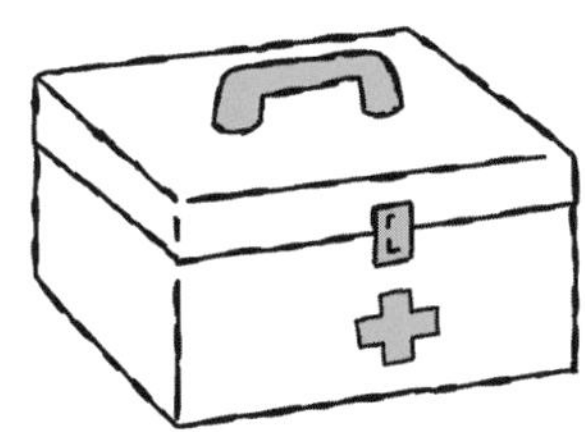

救急セット

消毒用エタノール、滅菌水、包帯、ガーゼ、サージカルテープ、ピンセットなどは人にも犬にも使えます。

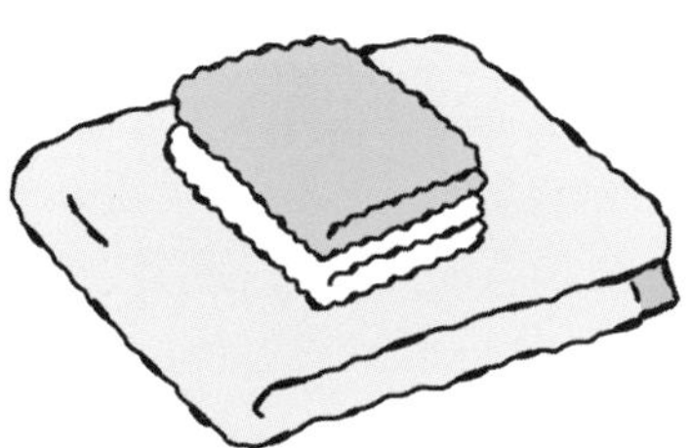

タオルや毛布

寒いときに暖をとるほか、犬のストレスを減らすためケージを覆って目隠ししたり、止血などの救急用としても。

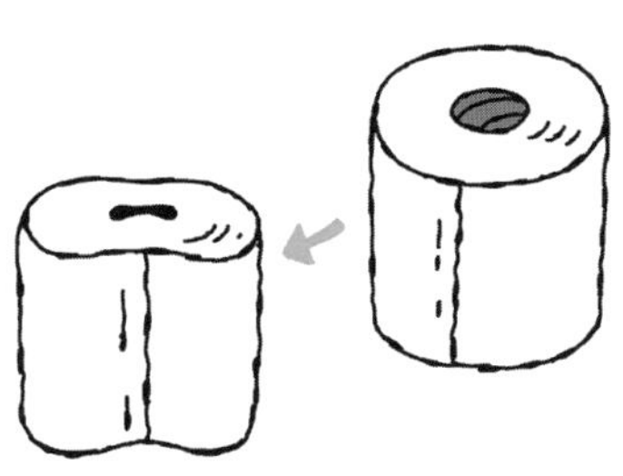

トイレットペーパー

巻きの多いものを備蓄しておくのがおすすめ。非常用袋に入れるときは芯を抜いて平たくつぶし、濡れないようファスナー付きポリ袋に入れると◎。

飲み水

犬のためには軟水が◎。硬水でも一時的に与える分には問題ありません。大きなペットボトルより、500㎖ペットボトルを多く用意したほうが水が腐りにくいです。

モノの備え 7

テントや車中泊用グッズ

車避難の場合

遮光シェード

プライバシーを守る目隠しとして。車の屋根を覆うタイプのシェードは暑さ対策になります。車用の網戸もあれば外気を取り入れるのに役立ちます。

寝袋

布団でもよいですが、収納面や保温性を考えると寝袋が◎。ファスナーで合体して２人用にできる寝袋もあります。

マット

なるべく体を水平にして寝ることが大切。マットがないときは窪みにタオルや服を詰めて。

➡ P.104 自家用車で犬と過ごす

ペット用ドライブフェンス

犬が運転席に行ってしまわないためのグッズ。車の後ろ扉用のフェンスも付ければ、後部座席全体が大きなケージ状態に。

避難所ではペットは人が寝起きする場所とは異なるスペースに置くことがほとんど。そのためペットと一緒に過ごせる車避難やテント避難を選ぶ飼い主さんも多いものです。車中泊用のグッズやアウトドアグッズを揃えておくと便利でしょう。いずれも、いきなり災害時に使おうと思っても無理。レジャーとして犬と一緒に車中泊やテント泊を経験したうえでグッズを揃えるとよいでしょう。災害時にテントで過ごすことを想定したワークショップや防災キャンプなら初心者でも楽しく学べます。

POINT

平時にレジャーとしてアウトドアや車中泊を行って、自分に適した使いやすいグッズを揃えると◎。

テント避難の場合

犬用アンカー

キャンプなら地面に打ったペグに犬のリードをつなげばよいですが、避難所の敷地内はペグが打てません。リードを係留できる重石があると◎。

フライシート

雨や夜露をしのぐためにはテントの上を覆うフライシートが必要。タープでもOK。

ランタン

安全面からオイル式ではなく電池式が◎。停電時は明かりがあるだけで安心できます。

➡ P.106
テントで犬と過ごす

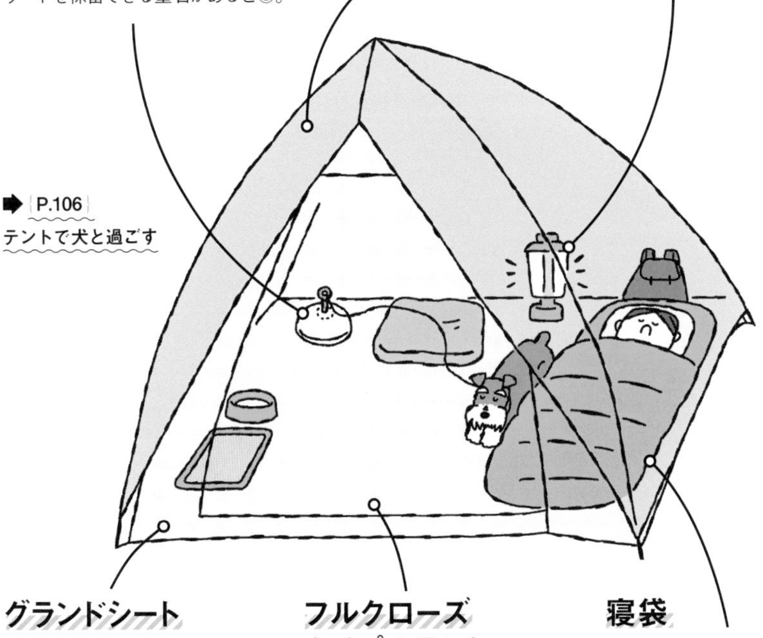

グランドシート

テントの下にグランドシートを敷かないと雨天時に雨水が浸みてきてしまいます。ないときはブルーシートで代用可。

フルクローズタイプのテント

犬の脱走防止のためにフルクローズタイプのテントがおすすめ。ただし夏場は熱がこもりやすいというデメリットが。

寝袋

真冬用の寝袋は他の季節には暑くて使えないことも。スリーシーズン用の寝袋に冬は毛布をプラスするという使い方がおすすめ。

ワゴン

給水場所から水を持ち帰るなど重たい荷物を運ぶのに便利。犬を乗せて運ぶこともできます。

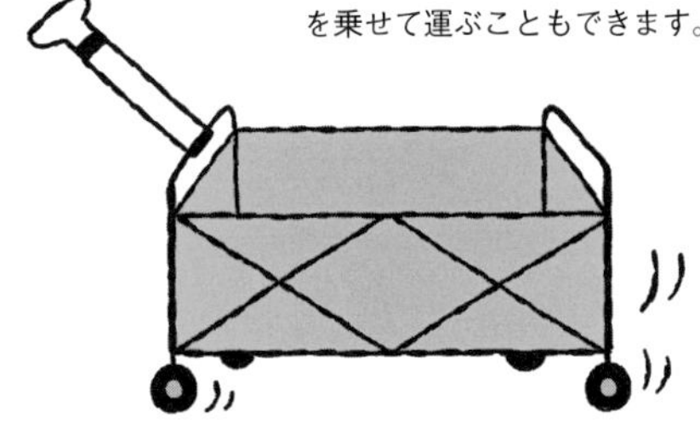

火器は避難所では使用できない

避難所は原則として火気厳禁。アウトドア用のバーベキューコンロやバーナーなどを持ち込んでも残念ながら使用できません。自宅敷地内で使う分にはOKですが、くれぐれも火事には注意しましょう。

モノの備え 8
モノの優先順位と収納

POINT

非常用品や備蓄品をどこに収納しておくかも考えるべきポイント。いざというとき取り出せなければ意味がない。

災害時に必要なモノすべてを一度に持ち出すことはできません。運び出せる重さは女性の場合10kg以内。もちろん愛犬を第一に運び出さなくてはなりませんから、キャリーで運ぶ場合はその分持ち出せるモノが減ります。差し当たって必要なモノを厳選して、最初に持ち出す1次の非常用袋に入れて。その他の備蓄品は2次の品として、安全が確認できたら運び出します。

備蓄品や非常用品は一か所だけでなく家のあちこちに分散して置くと◎。保管場所が潰れて取り

《 一軒家の例 》

上層階
1階より倒壊や浸水のリスクが低い。ただし屋根裏は高温になりやすいため食料の保存には不向き。

屋外の倉庫
取り出しやすい場所なので備蓄品の収納に◎。ただし温度変化が大きいため食料の保存には不向き。

自家用車内
車で避難できるときには便利。ドライブ中に被災することも考え、ひと通りの非常用品を車のトランクに入れておこう。

玄関の中
避難経路を確保するためモノを置きすぎないのが基本。靴箱の隅に置く、壁にフックで下げるなど工夫を。

屋内の収納
備蓄品と一緒に1次の非常用袋を入れておいても。奥にしまい込んでいざというとき取り出せないことがないよう注意。

《マンションの例》

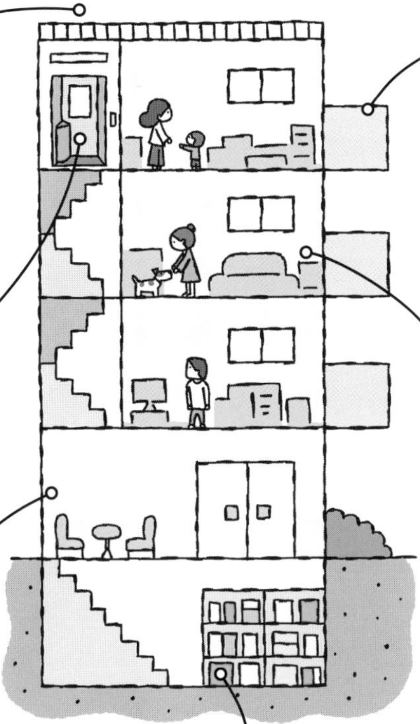

✓ 屋上

高層マンション火災で下層階への避難が困難な場合、屋上で救助ヘリの到着を待つことも。津波などの災害時に避難スペースとして一般に開放することもあります。

✓ エレベーターの中

地震でエレベーターが停止したとき用の防災キャビネットがあるかチェック。

✓ エントランスなどの共用部分

地下は浸水等の危険があるためその他の共用部分に備蓄品を置けると安心。帰宅困難者の受け入れをする場合も。

× ベランダ

マンションのベランダは共用部分のため物置や荷物を置くことは禁止。避難通路や避難ハッチ利用の妨げにもなります。

○ 自室

非常用品は自室に置くのが基本。しかし高層階の場合、エレベーターが使用できないと避難や荷物の取り出しが大変です。

○ 共有備蓄倉庫

住人のために共有の防災備蓄倉庫を備えるマンションも。「飼い主の会」を作り、ペット用の備蓄品も置いてもらえるようお願いすると◎。

0次の備え	1次の備え	2次の備え
普段の持ち物	非常時に最初に持ち出すもの	避難が長期化したときの備蓄品

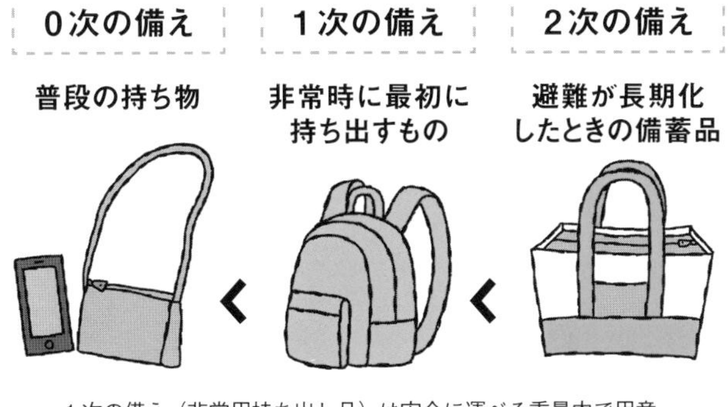

1次の備え（非常用持ち出し品）は安全に運べる重量内で用意。
2次の備え（備蓄品）はたっぷりあると◎。

出せなくなるリスクを減らします。温度変化の少ない室内にはドッグフード、屋外の倉庫にはペットシーツを収納するなど、モノに合わせて保管場所を選んで。

室内の備え
家の中の安全対策

犬が逃げ込める安全な場所を用意

クレートタイプのキャリーを犬のハウスにしておけば、同行避難するのもスムーズ。直射日光が当たる場所は熱中症の恐れがあるので避けて。

ドアストッパー

地震で家がゆがんでドアが開けられなくなることも。浸水時の対策として、上の階など高い場所に逃げられるようにしておくのも◎。

リードをあちこちに

いざというときスムーズに同行避難できるよう、災害後はなるべく早くリードを付けておきたいもの。また災害時リードは複数あると便利です。

➡ P.19 リードは複数用意

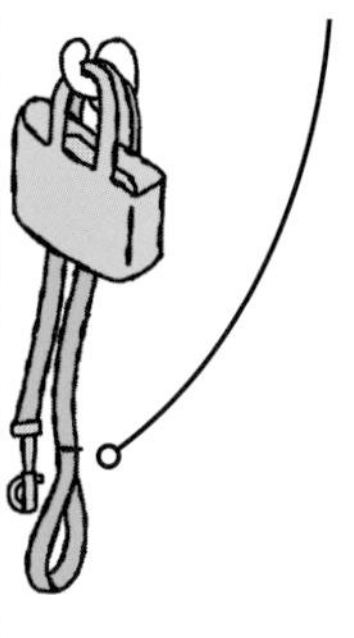

家具の固定など人間のための安全対策はそのまま室内にいる犬の安全対策になります。発災時、犬だけで留守番している可能性も高いため、安全対策は必須です。不要なモノは減らす、背の低い家具を選ぶ、重いものは高い場所には置かないなども対策になります。

クレートやソファーの下、押し入れの一角など、犬が怖いと思ったときに逃げ込める場所を作っておくと◎。被災後、落ちついたらまずそこを探しましょう。押し入れに入れられる小型のシェルターや耐震テーブルもあります。

POINT

地震の負傷者の3〜5割は家具の転倒・落下が原因。倒れる家具や飛び出すモノでケガしないよう固定を。

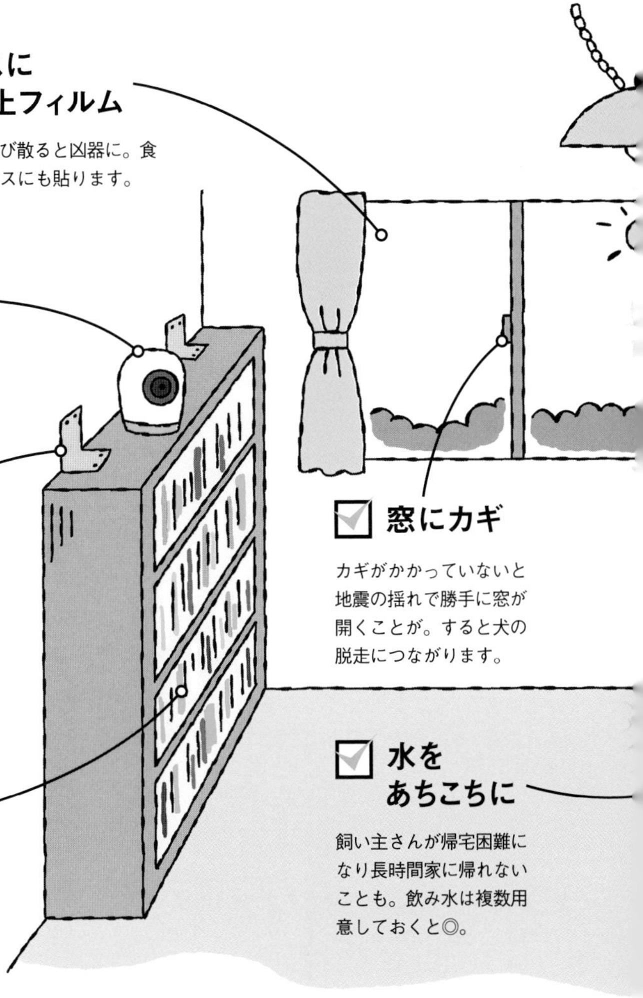

☑ 窓ガラスに飛散防止フィルム

窓ガラスが割れて飛び散ると凶器に。食器棚など家具のガラスにも貼ります。

☑ 見守りカメラ

外出中に発災した場合、家にいる犬の様子をインターネットを通じて確認できるかも。もちろんカメラもしっかり固定して。

☑ 家具の固定

壁にネジ留めするのがベスト。賃貸の場合は粘着シートや突っ張り棒で固定して。キャスター付きの家具は地震の際すべってしまわないようロックを。

☑ モノの飛び出し防止

家具を固定していても中身が飛び出てしまっては片手落ち。扉が開かないようロックをつけるなど対策を。本が飛び出すのを防ぐテープもあります。

☑ 窓にカギ

カギがかかっていないと地震の揺れで勝手に窓が開くことが。すると犬の脱走につながります。

☑ 水をあちこちに

飼い主さんが帰宅困難になり長時間家に帰れないことも。飲み水は複数用意しておくと◎。

屋外で飼っている犬にも安全対策を

庭などで飼っている犬の場合、ブロック塀が倒れたり窓ガラスが飛散してケガしないよう対策を。また、災害に驚いた犬がリードを咬みちぎって脱走しないようワイヤー入りのリードにしたり、リードを係留する場所をしっかり固定することも必要。台風などあらかじめ予想できる災害のときは犬を室内に入れてあげましょう。

知識の備え

近くの避難場所を知る

最初に行くのは避難所ではない

避難所は被災後に避難生活を送る場所で、
緊急時に最初に行くべき場所ではありません。
＊避難の流れや場所の名称は市区町村によって異なるので調べてみましょう。

《 避難の必要がある 》

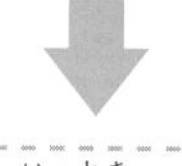

一時集合場所（いっとき）

近所の人たちが集まって様子を見る場所。公園や学校のグラウンドなど身近な集合場所。

火災等の危険があり、一時集合場所が危ないときは…

避難場所

延焼火災などの危険が少ない、大規模公園や広場などのオープンスペース。

自宅に被害があり生活できないときは…

避難所

地震などにより住宅が倒壊するなどして、行き場がなくなった人が一時的に生活する場所。

避難する場合、最初に向かうのは「避難所」と思いがちです。避難所は行き場がなくなった人が生活する場所で、開設されるのに多少時間がかかります。最初に向かうべきは「一時集合場所」または「避難場所」。近くの避難場所はどこか調べておきましょう。

なお、上記の「避難所」（指定避難所）とは別に、台風接近等の際に一時的に開設される「自主避難所」もあります。自主避難所は被害の恐れがなくなった時点で閉鎖します。似た名称が多いですが混乱しないようにしましょう。

POINT

最初に行くのは一時集合場所か避難場所。どの災害ではどこに避難するか、あらかじめ家族で決めておこう。

災害の種類によって避難先も変わる

右の表示は、この避難場所は洪水や津波、土石流などの災害時には適しているが、大規模な火事には適していないことを表しています。このような表示を各避難場所に設けることが推奨されているので、最寄りの避難場所について調べてみましょう。水の災害のときはAの場所、地震のときはBの場所など、あらかじめ決めておくことで慌てずに済みます。

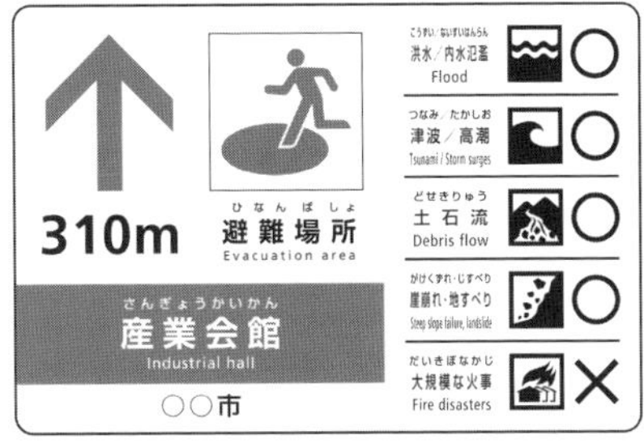

画像出典：(一社)日本標識工業会
「災害種別避難誘導標識システム防災標識ガイドブック」

家族の集合場所を決めておこう

家族が別々の場所で被災することを想定し、集合する避難場所をあらかじめ決めておきましょう。避難場所が人でごった返していることも考え、「○○公園の公衆電話のそば」など、細かく決めておくと◎。災害時は電話が使えないことも多いのでこうした決め事が必要です。できれば家族全員で実際に現地に行って「ここだね！」と確認しておきましょう。当日に会えないこともありますが、その場所でずっと待っているのも大変なので、「AM10時とPM4時に待ち合わせ」など時間も決めておくとよいでしょう。

Check しよう！

ハザードマップを見てみよう

国土交通省のハザードマップポータルサイトを見たことはありますか？自宅の浸水深など各災害リスクをピンポイントで調べることができます。自宅が地震に弱いのか、水の災害に弱いのかで備えも違ってくるでしょう。各自治体が作成しているハザードマップもあります。

URL https://disaportal.gsi.go.jp/
地図出典：国土地理院ウェブサイト

体験の備え

避難訓練で実感を得る

避難訓練でわかることの例

荷物が重すぎる！

持ち出すモノを減らす必要が

避難場所までの距離を安全に運ぶことのできる重量はどれくらいか実感できるはず。持ち歩きやすいキャリーに替える、持ち出し品を減らすなど対策を練って。

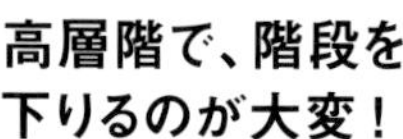

高層階で、階段を下りるのが大変！

マンション共有の倉庫に、備蓄品を置く提案をしよう

マンション住人は地上からアクセスしやすい場所に非常用グッズを置く提案を管理組合にしてみては。マンションのペットクラブに加入し、ペット用の備蓄品を置く提案をするのもおすすめ。

➡ P.97 マンションの住人は避難所に入れない？

犬をキャリーに入れるのに手間取った

普段からキャリーをハウスとして出しておこう

キャリーを見慣れていないと警戒して入れづらいことも。上にも扉があるキャリーだと比較的入れやすくなります。移動中は扉をガムテープなどで覆い外を見えないようにすると犬が落ち着くことが多いです。

一度でも同行避難を想定した避難訓練をしてみると新たな気づきがあるものです。それをきっかけに備えるモノやコトにも変化が起きるかも。町内会やマンションでも集団避難訓練が行われていますが、予定が合わなければ家族だけでやってみましょう。マンション高層階に住んでいる人は、**エレベーターを使わず階段で降りるのがどれだけ大変か実感する**のではないでしょうか。

また普段の散歩のついでに避難所や給水所など防災拠点をチェックするのもおすすめです。

POINT

犬連れで避難訓練してみると多くの気づきが得られる。避難場所までの安全な道も確認しておきたい。

いつもの散歩で防災拠点をチェック

☑ 避難場所や給水所、公衆電話などをチェック

災害時に重要になるポイントを探しながら散歩してみましょう。近所でも歩いたことのない道は結構あるはず。

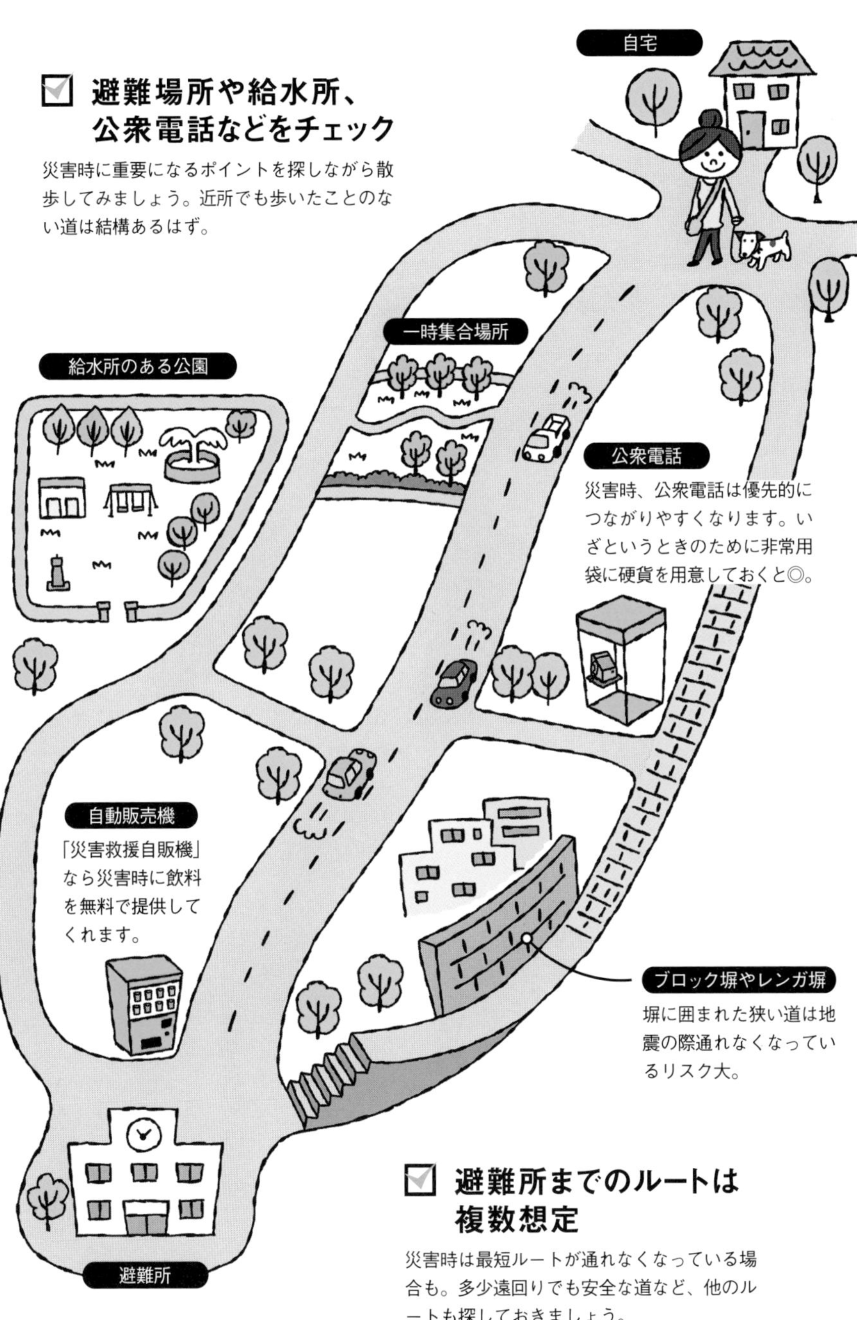

自宅
一時集合場所
給水所のある公園
公衆電話
災害時、公衆電話は優先的につながりやすくなります。いざというときのために非常用袋に硬貨を用意しておくと◎。
自動販売機
「災害救援自販機」なら災害時に飲料を無料で提供してくれます。
ブロック塀やレンガ塀
塀に囲まれた狭い道は地震の際通れなくなっているリスク大。
避難所

☑ 避難所までのルートは複数想定

災害時は最短ルートが通れなくなっている場合も。多少遠回りでも安全な道など、他のルートも探しておきましょう。

いざというとき頼れるのは人

ご近所さん

散歩中の犬の排泄物の始末など飼育マナーを守るのは基本。町内会に参加するのも◎。いざというとき頼りになるのは「遠くの親戚より近くの他人」です。

散歩仲間

避難所でも一緒になる可能性が高い散歩仲間は、普段から交流を持っておきたいもの。特に親しくなれた人とは連絡先を交換しておくと、災害時に助け合えます。

災害時のキーワードとして「自助・共助・公助」という言葉があります。「自助」は自分自身の備え、「公助」は行政の支援、そして「共助」は近しい人たちとの助け合いを指します。自助を充実させるのは基本ですが、公助は開始されるまで時間がかかります。そこで要となるのが共助。犬仲間とつながっておくのはもちろん、ペットを飼っていない近所の人とも普段から円満なお付き合いを心がけましょう。挨拶は基本ですし、散歩中のマナーを守ることも大切。ペットを飼っている世帯は全

POINT

犬仲間や近所の人たちと助け合う「共助」が災害時には大切。あなたの人脈が愛犬の命を守る。

協力してくれる人を増やそう

体の3割ほどで少数派です。多数派から理解を得ていざというとき助けてもらうには、円満なご近所付き合いが欠かせません。

動物病院

地域の獣医師会で災害時動物救護マニュアルを作っていたり、動物救援ネットワークを作っている病院も。話を聞いてみるとよいでしょう。大災害時は病院も被災しますが、果敢に診察を続ける病院が少なくありません。

ペットサロン ペットホテル ペットショップ

犬を愛するスタッフや飼い主が集まる場所。なかにはペットショップが災害時にペットをあずかったり、被災地に救援ボランティアを出すこともあります。

ブリーダー

愛犬の故郷であるブリーダーさんと円満なお付き合いを続けておけば、災害時に力になってくれるかもしれません。

SNSの犬コミュニティ

遠方の犬仲間とつながっておけば、フードの支援などをお願いできるかも。犬コミュニティに限らず、SNSで訴えたことで窮状が救われた例も。

①ワクチン接種

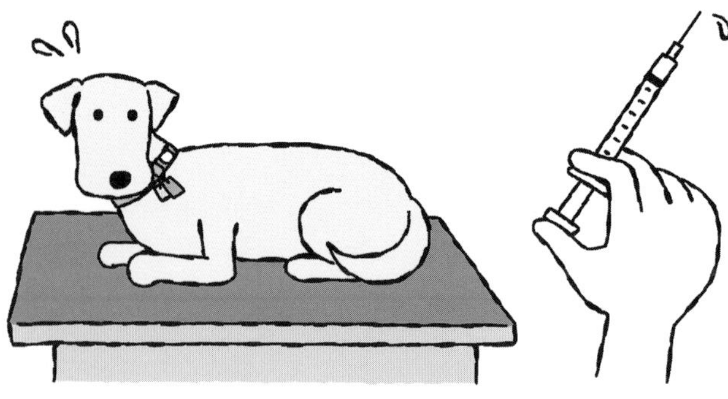

ワクチン証明書も取っておこう

混合ワクチンを接種するともらえる証明書は捨てずに愛犬の健康手帳と一緒にしておきましょう。スマホで写真を撮っておくのも◎。

未接種だと避難所に入れない恐れが

狂犬病予防接種済票を持っていることをペットの受け入れ条件としている避難所もあります。たとえ接種済でも証明するものがなければ入所が困難になる恐れも。また混合ワクチンが未接種だと多くの犬が集まる避難所等では感染症にかかる恐れがありますし、ペットホテル等にもあずけることが難しくなってしまいます。

MEMO

ワクチンを打っていない犬が多い!?

日本の混合ワクチンの接種率は欧米に比べて低く25%ほどというデータが。接種が義務付けられている狂犬病ワクチンでさえ、半数程度の犬は受けてないといわれています。つまり多くの犬が集まる避難所では感染症が蔓延する危険があるということ。愛犬の感染予防のためにもワクチン接種をしておきましょう。

POINT

きとんと健康管理していれば災害時に避難所や動物病院、ペットホテルに犬を受け入れてもらいやすくなる。

2 寄生虫駆除

《 寄生虫の種類 》

外部
- ノミ
- ダニ

内部
- フイラリア
- 回虫
- 条虫
- 鞭虫
- 鉤虫

など

こわ〜ぃ

寄生虫をもっている犬は他のペットや人にもうつす感染源となるため、避難所等で嫌がられてしまいます。特にマダニが媒介するウイルスSFTS（重症熱性血小板減少症候群）は人の死亡例もある恐ろしい感染症。犬やあなたの健康を守る意味でも定期的な駆虫が必要です。

3 避妊・去勢手術

未手術だと発情期に落ち着きがなくなる、攻撃的になる、他の犬ともめやすい、マーキングのオシッコが増えるなどの問題があり避難所等では拒否されがち。さらに脱走した愛犬が他の犬と交尾し繁殖してしまうと大変ですし、交尾で感染症がうつる恐れも。実際に東日本大震災で警戒区域となったエリアでは、取り残された犬猫の繁殖が多く見られました。性特有の病気を防ぐためにも、手術を受けることをおすすめします。

狂犬病などのワクチン接種や寄生虫予防、避妊・去勢手術は、平時でも犬にとって大切な健康管理。ペット可の避難所でも狂犬病予防接種を義務付けているところもあり、これらを怠っていると災害時には「避難所に入れない！」と困ることになります。

狂犬病予防接種は法律で定められた飼い主の義務です。混合ワクチンは任意ですが、動物病院やアニマルシェルター、ペットホテルにあずけたいときは1年以内の接種が確認できる証明書が必要。最近では混合ワクチンは3年に一度の接種を推奨する考えもありますが、その場合は、基準値以上の抗体があることを証明する「抗体価証明書」を1年ごとにもらっておくとよいでしょう。

してないと困る！社会化としつけ

①子犬の「社会化期」を逃すな

さまざまなモノ・コトに慣らすのに、恐怖より好奇心が勝る「社会化期」を逃す手はありません。犬の社会化期は３週齢から16週齢といわれます。子犬は感染症予防のワクチンプログラムが終わるまでは屋外を散歩させてはいけないといわれますが、プログラム終了前でも抱っこしたりカートなどに乗せて外を歩くのは問題なし。いろんな景色を見せたり、人混みや他の犬を見せましょう。街中で犬好きな人がいたら持参したフードを渡して「人馴らし中なのでおやつをあげてもらってよいですか？」と頼むと◎。「人は怖くない」と愛犬に覚えさせます。
しつけ教室のパピークラスやパピーパーティに参加するのもおすすめ。いろんな犬や人に出会うことができます。

きちんと社会化ができておらず、飼い主さん以外の人や他の犬を怖がる犬は、多くの人や犬が集まる避難所等での生活は難しくなります。犬のストレスが大きくなり体調を壊したり、他の人の迷惑になるからと避難所を出て行かねばならないケースも。自宅の片付けなどで犬を一時的にあずけたいときも、飼い主さん以外が触れないと難しくなります。子犬の頃からのトレーニングで社会性を身に着けましょう。すでに社会化期を過ぎ、慣らすのが難しい場合は専門家の手を借りることも

POINT

社会化が不十分だと、平時はともかく災害時は避難先の選択肢が限られることに。トレーニングで慣らそう。

② 褒めてしつける

褒め方 3 なでる

褒め方 2 コトバ

褒め方 1 フード

犬は「褒めてしつける」が基本。褒める方法として万能なのはフードを与えること。犬を誘導するのにも使えます。ドライフードを専用のフードポーチに入れて常に身に着けておき、犬が好ましいことをしたら間髪入れずに与えるのが◎。フードのパッケージを取り出してつまんで……とモタモタしていると間が空き、犬はなぜ褒められたのかわからなくなってしまいます。コトバで褒めたり体をなでたりするのも、はじめはフードを与えながら行うことで犬が「よいこと」と認識します。

③ プロの手を借りる

本やネットだけでしつけを学ぶのには限界があります。プロのトレーナーやインストラクターに教えを乞うのはよい方法。しつけ教室に通うほか、トレーナーが自宅まで来てマンツーマンでレッスンしてくれるところも。しつけのメソッドにも種類があるので、自分が納得できるところを選びましょう。犬仲間におすすめのところがないか聞くのも手です。

すでに咬み癖など問題行動のある犬は行動治療の専門家などに相談するのが解決への近道。性格の問題だと思っていたものが、実は病気が原因だったということもあります。ひとりで悩み続けるより専門家の知恵を借りましょう。

⚠ 叱るデメリット

昔は「犬が悪さをしたら叱って教える」という考えもありました。しかし多くの実験結果から、罰によってしつけられた犬は攻撃性が高まったり、反対に無気力になるなど多くの弊害があることが判明しています。家庭犬は癒やしや楽しみを得るために飼うもの。犬と良好な関係を築くには「褒めてしつける」方法しかありません。

必要。災害時に限らず、普段の生活も楽になるはずです。

本書で紹介する項目以外にも、体を触る、首輪をつかむ、抱っこする、ブラッシング等のお手入れに慣らすなども必要。「オイデ」などのコマンドも覚えさせると非常時に役立ちます。

いろんな音に慣らす

聴き慣れない音に怯えたり
ちょっとした物音で興奮したりしないよう
普段から慣らしておきましょう。

1 小さな音量から聴かせて慣らす

CDなどの音源や録音した音を小さな音量から聴かせるのが基本。スピーカーのそばで音を聴かせながらおやつを与えて「よい思い」をさせましょう。慣れたらだんだんと音量を上げていきます。おやつは知育玩具に詰めたウエットフードなど、食べ切るのに時間がかかるものが◎。犬が食べるのをやめ警戒するのは音が大きすぎる証拠なので、音量を下げたところから徐々に慣らして。

聴かせたい音

- ドアチャイム
- クラクション
- 人の話し声
- 雷
- 車やバイクの音
- 犬の鳴き声
- サイレン
- 花火

など

2 現物を見せる

1で音に慣らしてから、「音を出しながら動く現物」を見せるとスムーズ。はじめは遠くから見せてフードをあげ、徐々に近づく→フード、をくり返します。犬がフードを食べないときは刺激が強すぎる証拠なので対象との距離を開けます。

災害時には普段聴き慣れないサイレンなどの大きな音を耳にするものですし、もし避難所で集団生活するとしたら見知らぬ人の話し声や他のペットの鳴き声を常時聴くことになります。**静かな環境にしか慣れてないと非常時には大きなストレスを受ける**ことになってしまいます。上記の方法で慣らしていきましょう。

音の社会化用にいろんな音源を収録したCDも市販されています。平時のQOLアップのためにも、音に敏感すぎない犬になってもらいましょう。

いろんな人に慣らす

飼い主にしか懐かない犬は人にあずけられず、避難生活が困難になってしまいます。

災害時はボランティアスタッフさんなどいろんな人のお世話になるものですし、避難所では多くの人と集団生活をすることになります。避難生活や生活再建のためにも、飼い主さん以外の人に慣らしておくことは大切です。

ただし、甘えん坊で人懐っこいならいいというわけではありません。誰にでもしっぽを振って近づきたがったり飛びつこうとするのは別の問題が。他の人がいても緊張せずに過ごすことができ、なおかつ飼い主さんの指示に従うことができるのが理想です。

いろんなタイプの人に会わせる

男性、女性、おじいさん、子ども、眼鏡をかけた人、ヒゲのある人などなど、いろんなタイプの人に会わせましょう。知人を家に招いたり、散歩中に犬好きの人がいたら持参したフードを渡して犬にあげてもらうと◎。臆病な犬は知らない人に触れられると恐怖で咬みついたりするかもしれないので、相手の人を見せつつ飼い主さんがフードをあげると◎。

人好きでも飛びつく癖はNG

誰にでも飛びつく癖は直しておかないと思わぬ事故につながる恐れがあります。犬が飛びついてきたら無視してご褒美を与えないようにしましょう。

いろんな犬に慣らす

他の犬が苦手な犬は案外多いもの。ですが避難生活では他の犬と一緒に集団生活することもあります。

単に一緒に遊ばせれば他の犬に慣れるというわけではありません。威嚇されて怖い思いをすると逆に恐怖心が募ってしまいます。ですからすでに犬嫌いになっている犬をいきなりドッグランに放り込むのは逆効果でしかありません。

はじめは他の犬を見せながらフードをあげて慣らし、一緒に遊ばせるときも危ないときは呼び戻すなど的確なコントロールが必要です。そのためできればインストラクターの元で慣らすのがよいでしょう。呼び戻しのコマンドを教えることも必要です。

他の犬を見せておやつ

基本はP.50❷と同じ。散歩中に出会った他の飼い主さんや、しつけ教室で出会った人に協力してもらいましょう。愛犬が怖がってフードを食べないならフードを食べる距離まで離れ、徐々に近づきます。

他の犬を無視できるようになることも必要

他の犬に会ったら必ず近づき遊びたがるのも困りもの。あくまで大切なのは飼い主さんの指示で、他の犬がいても特に気にせず無視できるようになることが必要です。他の犬を過剰に気にすることのない状態にするには、専門家の元でのトレーニングが必要でしょう。

災害時に役立つコマンド

「ハウス」「オイデ」「マテ」などは災害時に特に役立つコマンド。
犬やあなたの命を救うこともあります。

『ハウス』

同行避難を急ぐときに役立つコマンド。緊急地震速報が鳴ったらハウスに入るしつけをした人もいます。クレートの中で騒がず静かに待っていられるトレーニングも必要です。

『オイデ』

犬がパニックになって脱走しそうなときや、危険な場所から犬を遠ざけたいときに役に立ちます。

マテ

『 マテ 』

難易度が高いコマンドなのでインストラクターの元で教えるのが◎。いずれのコマンドも室内でやれるようになったら屋外や別の環境でもトレーニングし「いつでも・どこでも」やれるようにしておくのが理想です。

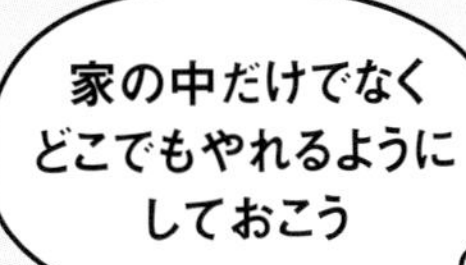

服や靴に慣らす

同行避難中に服や靴を身に着ければケガややけどを防ぐことができます。避難生活中の抜け毛等の苦情予防にも◎。

服

1 服の存在に慣らす

服を背中に乗せながらフードを与えて「いい思い」をさせます。あらかじめ犬の寝床に服を置いておき、犬のニオイを付けておくのも◎。

2 フードをなめさせながら着せる

フードをなめさせている間に首や袖を通して着用完了。ドライフードを指先でつまみ犬に取られないようになめさせ続けるのがコツ。ふやかしたフードを入れた知育玩具でも。

靴

1 脚を握ることに慣らす

爪切りで嫌な思いをしたりすると、脚を触られることを嫌がるもの。まずは脚を短時間触る、握ることから徐々に慣らします。

2 室内で靴を履かせる

犬の横にしゃがんで靴を履かせます。脚の内側にある狼爪（ろうそう）は引っ掛かりやすいので注意。靴が脱げないか確認したらフードで誘導して室内を歩かせます。はじめは短時間で、少しずつ時間を延ばします。

3 屋外を歩かせる

屋外でもフードで誘導しながら徐々に歩く距離を延ばします。楽しく遊ぶうちに靴を気にしなくなる犬も。

問題行動は専門家に相談を

すでに問題行動のある犬は獣医行動診療科やインストラクターに相談してみましょう。投薬で改善するケースも少なくありません。

⚠ 咬み癖

咬傷事故につながる悪癖はいますぐ改善を。避難時には咬傷事故を防ぐため口輪を用意しておくと安心。ただし長時間付けっぱなしだと水も飲めず健康に害があるので使用は短時間に。

⚠ 分離不安

分離不安は人間のうつ病と同じように、脳内のセロトニンの伝達が不足することが原因のひとつ。投薬をしつつ、飼い主さんの不在に慣れさせるトレーニングを行います。

⚠ 無駄吠え

吠えたらいいことが起きた（フードをもらえたなど）、あるいは嫌なことがなくなった（知らない人を追い払えたなど）から吠え癖がつきます。愛犬の吠え癖の原因を探ることが先決。

column

犬種別・災害リスク

犬種によって異なる体の特徴や性格の傾向。
災害時のリスクとなりうる愛犬の個性をきちんと把握しましょう。

ダックスフンド

見知らぬ人への攻撃性 

分離不安のリスク 高

ミニチュア・ダックスフンドもスタンダード・ダックスフンドも、見知らぬ人への攻撃性が高い犬種。避難所等での集団生活ができるよう、人馴れのトレーニングが必須です。ミニチュア・ダックスフンドは分離不安になる傾向も強いです。

➡ P.51 いろんな人に慣らす

➡ P.55 分離不安

チワワ

人に触られることが 苦手

チワワは見た目に似合わず気の強いタイプが多く、接触過敏性が最高レベル。マルチーズやトイ・プードルも同様です。避難所等での飼育場所には「触らないで」の張り紙を忘れずに。

➡ P.100 避難所でのお世話のコツ

ミニチュア・シュナウザー

見知らぬ犬への攻撃性 

他の犬に対して唸ったり吠えかかったりする傾向が高い犬種。ペットホテルや避難所での生活が難しくなります。スタンダード・ダックスフンドやチワワも同レベル。

➡ P.52 いろんな犬に慣らす

シェットランド・シープドッグ

無駄吠え 多

牧羊犬がルーツだけに吠えることが多く、動くモノを追いかける衝動が強い犬種。賢い犬種なのでトレーニングでカバーしましょう。

➡ P.55 無駄吠え

ヨークシャー・テリア

車などの音に 恐怖

車やバイク、電話やドアチャイムの音など、非生物に対して恐怖を覚える傾向が。まずは音から慣らしていきましょう。

➡ P.50 いろんな音に慣らす

小型犬のほうが問題が多い?

犬は体高と体重が少なくなるほど恐怖心や攻撃性が高まる「小型犬症候群」といわれる現象があります。同じ問題行動でも大事故になりやすい大型犬は温和な性格の犬を選択繁殖してきたのに対し、小型犬はそれほど問題にならないため攻撃性等の性格がそのまま残ったといわれています。小型犬も子犬の頃からしっかりしつけをすることが大切です。

シベリアン・ハスキー

脱走するリスク 高

マイペースで野性的な性格のせいか、脱走放浪癖のある犬種。歩くときはリードを手放さず、係留時は丈夫なリードでしっかりと結んで。

➡ P.114 犬が迷子になってしまったら

 ＊参考文献 『Domestic Dog Cognition and Behavior: The Scientific Study of Canis familiaris』ほか

柴 秋田
は他人にお世話を任せられない恐れ大

柴犬や秋田犬は犬の祖先であるオオカミの性質を多く残しているため、警戒心が強く人懐こさは最低レベル。

➡ P.51 いろんな人に慣らす

パグ フレンチ・ブルドッグ
などの短頭種は熱中症リスク高

特に短頭種は夏場の災害時に熱中症になる危険大。瞬間冷却剤をたくさん用意するなど暑さ対策を手厚く。

➡ P.110 暑さ対策

シベリアン・ハスキー 柴 ポメラニアン
などは抜け毛が問題になる恐れ大

避難所でペットの抜け毛が問題になることも。服を着せて抜け毛への配慮アピールをするのも大切です。

➡ P.54 服や靴に慣らす

特定犬種は避難所に入れない?

特定犬種とは各自治体が指定する犬種のことで、例えば茨城県では秋田犬、土佐犬、ドーベルマン、ジャーマン・シェパードなど8犬種のほか「体高60cmかつ体長70cm以上の犬」「県知事が指定した犬」を指します。特定犬種はたとえしつけがきちんとされていても避難所には入れないとしている自治体も。特に大型犬を飼っている人はいざというとき困らないよう、自治体のルールを調べてみましょう。

第2章

災害発生！そのときどうする

CASE 1

被災の瞬間、どうすべきか

自宅で被災したとき

まず守るのは自分の身

健康な犬なら人より俊敏ですし、生存空間も小さくて済むため、人のほうが危険。ですから自分の身（特に頭）を守るのが先決です。

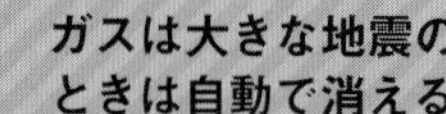

ガスは大きな地震のときは自動で消える

震度5以上などの大きな揺れを感じると、安全装置が作動してガスは自動で止まります。ガスの火を消そうとキッチンに急ぐより身を守って。

＊古いガスコンロには安全装置が付いていないことがあります。

犬は落ち着いたら探す

地震発生の瞬間は犬も驚いて興奮するので捕まえるのが難しいもの。揺れが収まってから探します。犬の隠れ家を作っておくと探すのが楽です。

➡ P.38 犬が逃げ込める安全な場所を用意

POINT

被災の瞬間は自分の身を守ることを優先。犬は人より俊敏だし生存空間も小さくて済むので助かる可能性が高い。

上記は地震の際に取るべき行動です。火災や水害の場合はまた違ってきますが、共通するのは〝まずは自分や家族の身を守ること〟。心得その一の「人命が最優先」（4ページ参照）に則って行動してください。つまり、被災の瞬間に犬にやってあげられることはありません。家具を固定して倒れないようにしたり、犬が恐怖を感じたときに隠れることのできる場所を作っておく、避難のためにケージに慣らしておくなど、事前の備えを充実させることが大切です。

《 地震発生！自宅の場所別とっさの判断 》

① 風呂場にいたら

閉じ込められないよう入り口を開け、洗面器で頭を守ります。足元をケガしないようスリッパを履きます。

② トイレにいたら

ドアを開け避難経路を確保。新耐震基準の建物ならトイレは比較的安全な空間なので揺れが収まるまでトイレにいても。

③ 2階以上にいたら

古い建物の１階は倒壊の危険が高いので2階以上のほうがまだ安全。動けるなら外に避難しやすい廊下に出ます。

④ ベランダにいたら

古い建物だとベランダごと落ちたり、上階のベランダが落ちて来る恐れが。すぐに室内に移動します。

緊急地震速報が鳴ったら

2007年からスタートした緊急地震速報。大きな地震発生が予想された場合にテレビやラジオ、インターネットで流れます。スマホでも受信できるよう設定しておきましょう。速報が流れてすぐに揺れが来ることもあれば、数十秒程度かかることもありますが、いずれも作業はすぐに中止し安全な場所に移動しましょう。すぐに揺れが来ないときはドアを開けて避難経路を確保したり、スリッパや靴を履いたりするとよいでしょう。

CASE 1 自宅で被災したとき

被災直後にすべきこと

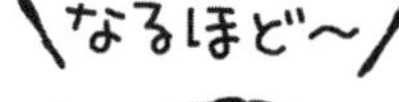

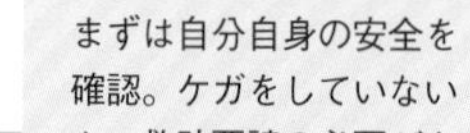

自身の状況確認

まずは自分自身の安全を確認。ケガをしていないか、救助要請の必要があるかを確認します。

足を保護して避難経路の確保

室内でも靴を履くか、なければスリッパなどで足を保護し、ドアを開けて屋外への避難経路を確保します。余震が来て建物がゆがみドアが開かなくなる前に行います。

火災が発生したら

火が小さいうちなら消火器や水バケツで消火します。炎が大きく身の危険を感じる場合はすぐに避難。周囲に「火事だ」と知らせ、避難できたら119へ通報します。

津波・土砂災害の危険がある場合

特別警報や土砂災害警戒情報が出たときは早急に避難します。

救助要請が必要な場合

ケガをして動けない、モノに挟まれて身動きできないなどのときは、そばにある固いモノで壁などを叩いて音を出し存在を知らせます。大声を出し続けると体力を消耗して危険です。

POINT

地震の揺れが収まったら、自身の状況確認、避難経路の確保、家族や犬の安否確認の順に行動しよう。

地震の揺れが収まったら、まずは避難経路の確保をします。余震で建物がゆがんでドアが開かなくなる危険を避けるためです。

その後、家族や犬の安否確認を行います。犬が怖がって隠れたり、パニックになって走り回る、飼い主さんを威嚇することも考えられます。同行避難のためには犬にリードを付けたりキャリーに入れたりする必要がありますが、怖がっている場合はある程度落ち着いてから行いましょう。飼い主さんが攻撃されてケガする危険は避ける必要があります。

犬が捕まえられない場合

災害に驚いた犬がパニックになりリードを付けられなかったりキャリーに入れられないことも。避難勧告が出るなど緊急の場合は、人間だけで避難する必要があります。

➡ P.67 犬がパニックになって同行避難できない！

家族や犬の安否確認

在宅中の家族や犬の居場所、ケガの有無などを確認します。犬にリードを付けたりキャリーに入れます。

➡ P.64 犬を連れ出す準備をする

情報収集して避難の判断

避難情報が出ていないか、火災や地盤液状化の危険はないかなどの情報を集めます。停電時は乾電池式のラジオが有益です。家の内外もチェックして被害状況を確認し、避難するかどうかを判断します。

➡ P.66 犬と一緒に同行避難する

犬が負傷している

家具の転倒などで犬が負傷していることもあります。応急処置が必要ですが、早急に避難の必要がある場合は同行避難してから行います。

➡ P.78 犬の応急処置

避難情報

危険	警戒レベル	避難情報等
大	5	災害発生情報
	4	避難勧告 〈避難指示（緊急）〉
	3	避難準備 高齢者等避難開始
	2	大雨注意報 洪水注意報
小	1	早期注意情報

平成31年、避難勧告等に関するガイドラインが上記のように改定されました。「レベル4で全員避難」が基本ですが、犬を連れて行かねばならない飼い主さんはそれより早い段階での避難を検討します（防災気象情報はP.75参照）。

家を出て避難する必要があるかどうかの判断をするため、テレビやラジオ、インターネットで情報収集します。**自治体から避難勧告や避難指示が出たり、気象庁から警報や特別警報が出たときはすみやかに避難します。**

CASE 1 自宅で被災したとき 犬を連れ出す準備をする

犬が怯えてリードを付けにくいとき

飼い主さんが犬に咬まれるなどケガを負わないことが大切。
臆病な犬の場合、犬の歯が通らない厚手の手袋や、
付けやすいハーフチョーク、スリップリードなどを用意しておくと安心です。

クレートの中に入れたまま付ける

犬が怖いと思ったときに隠れる場所をクレートにしておけば発災時に入っている可能性大。犬をクレートに入れたまま中に手を入れてリードを付けてしまいます。小型犬ならそのままクレートで避難しても。

➡ P.38 犬が逃げ込める安全な場所を用意

おやつを与える

ウエットフード入りの知育玩具などを与え、犬がなめている隙にリードを付けても。2人いるなら1人がフードを手で与えている間にリードを付けます。

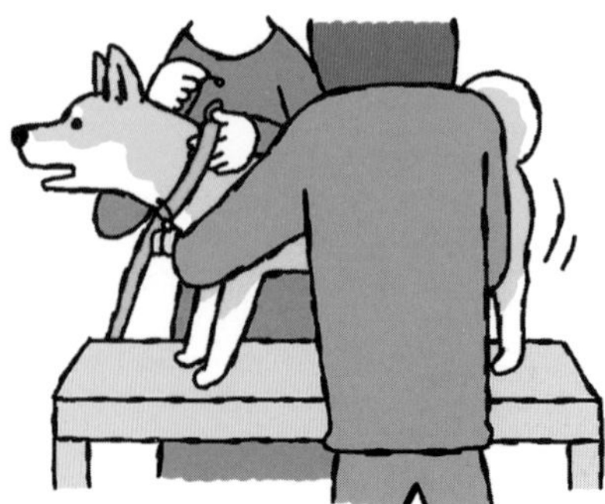

机などの上に乗せる

高いところに乗せると固まる犬も。その隙にリードを付けます。机から飛び降りる犬もいるので1人が犬を保定しておきましょう。

➡ P.88 犬の保定の仕方

POINT

災害が起きたらいつでも避難できるよう、犬にリードを付けたりキャリーに入れて準備しておこう。

小型犬を捕まえてキャリーに入れたいとき

犬が怯えて逃げ回るなど、普通に捕まえられず、かつ避難を急ぐときは、
バスタオルなど大判の布で包んでキャリーに入れる方法があります。

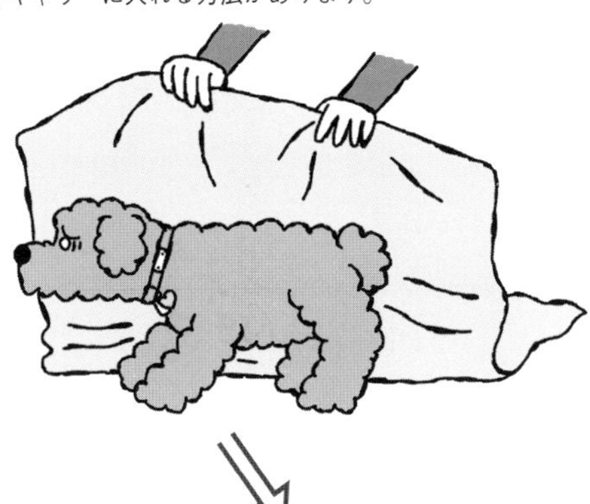

1 犬の背後から布を被せる

バスタオルや毛布を犬の背後からそっと被せます。犬の寝床に敷いてあるタオルなど、犬のニオイがついている布だと犬が安心できるでしょう。

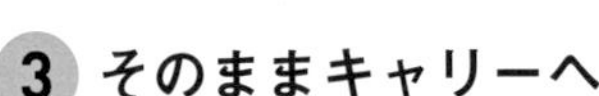

2 全身を包む

そのまま犬の全身を覆い、布の上から犬を保定。布で顔や口を覆ったままでいれば咬みつかれるリスクは少なくなります。

3 そのままキャリーへ

布ごと犬をキャリーに入れます。横開きキャリーなら犬を頭から、上開きキャリーなら犬をおしりから入れるとスムーズ。全身が入ったら扉を閉めます。２人いるなら犬を入れる係と扉を閉める係に分かれると◎。キャリーにペットシーツをセットしておけばおもらしも安心です。

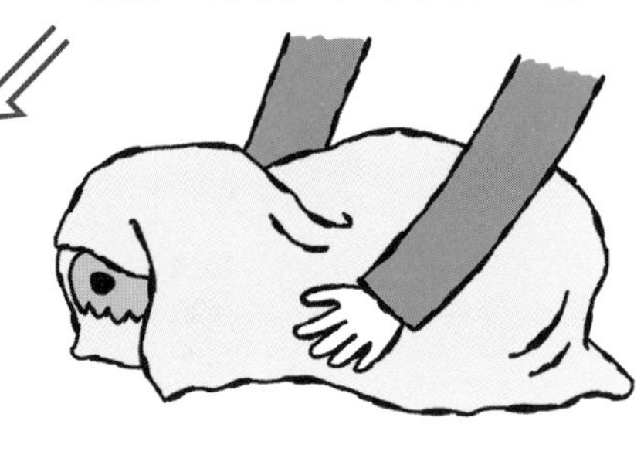

発災後はなるべく早く犬にリードを付けると◎。余震などで状況が悪化する場合もあるので、いつでも同行避難できるよう準備しておきましょう。

犬が災害に驚き興奮している場合は落ち着くまで待つのが基本。そのためには飼い主さん自身が落ち着くことが必要です。焦った様子で大声を上げると犬の緊張が高まってしまいます。またガラスが散乱しているなど床を歩くとケガする場合は、犬を呼び寄せずに飼い主さんが靴を履いたうえで犬のそばまで行きましょう（避難を急ぐときはこの限りではありません）。

いざというときすぐ手に取れるよう、家のあちこちにリードを用意しておくとよいでしょう。

CASE 1

自宅で被災したとき 犬と一緒に同行避難する

避難指示が出たり火災などの危険が迫ったときは、犬を連れて同行避難します。「すぐに戻れるだろう」と思って犬を置いて行くと、自宅のある地域が警戒区域に指定されるなどして戻れなくなることがあります。

ペットとの同行避難が推奨されているのは、飼い主の保護下にいない動物が衰弱・死亡することを防ぐのはもちろん、被災地に放浪動物が増えて環境が悪化したり、人に危害を加えたりすることを防ぐという公共の利益の一面もあります。

POINT

避難するときは犬も一緒に連れて行く「同行避難」が原則。家に置いていくと戻れなくなる危険がある。

家を出る前にやっておくこと

① 電気のブレーカーを落とす

スイッチが入ったままの家電が転倒するなどして壊れると、通電再開後、ショートするなどして火災が発生する恐れが。

② ガスの元栓を閉める

ガス管やガス器具が壊れると、ガスが復旧したときにガス漏れを起こし爆発するなどの危険があります。

③ 戸締まり

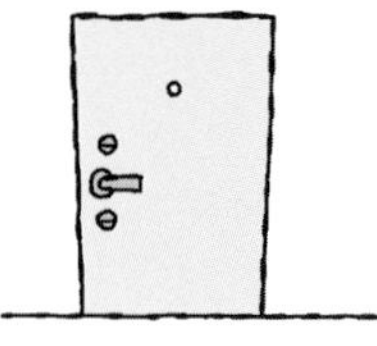

壁などが壊れていなければ施錠しておくと安心。被災地を狙う空き巣がいるからです。窓も同様に施錠を。

④ 家族にメモを残す

家族が帰って来たときのために玄関にメモを残しておくと◎。安否確認にもなります。災害伝言ダイヤルなども利用を。

《 同行避難Q&A 》

Q 犬が脱走してしまい同行避難できない！

A 庭で飼っている犬が脱走してしまったり、室内飼いの犬でも窓が開いたりして脱走してしまうことが。近くを探してすぐに見つかれば問題ありませんが、避難勧告が出るなど避難を急がねばならないのに見つからないときは、やむをえず人間だけで避難する必要があります。その場合は犬が戻って来たときのためにドッグフードを袋ごと大量に置いておき、飲み水もタライなどにたっぷり用意しておきます。室内飼いの犬の場合は家に入れるように窓などを開けておいても（ただし空き巣の危険があります）。

➡ P.114 犬が迷子になってしまったら

Q 車で避難してもいい？

A 避難は徒歩が原則。大規模災害の場合、道路に亀裂が入ったり高速道路が崩落することもあり危険です。交通規制も行われるため大渋滞も予想されます。津波の場合はなるべく早く高台へ移動する必要があるため、車での避難もOKとされていますが、渋滞中に津波が迫って来ることも。いざとなれば車を捨てる必要もあります。

Q 犬がパニックになって同行避難できない！

A 犬と一緒に同行避難したくとも、リードを付けようとすると咬みつくなどケガの危険があり、なおかつ避難を急がねばならないときは、やむをえず人間だけで避難するしかありません。上のQと同じように室内にフードと水をたっぷり置いておきましょう。いろんな部屋に移動できるよう室内のドアはストッパーで開けておくと◎。風呂場にも入れるようにしておけば夏場は涼むことができます。いったん避難したあと、安全が確認できたら帰宅します。すぐに帰宅できないときは家に犬を置いてきたことを自治体の動物担当部署に相談します。

CASE 2

散歩中に一緒に被災

犬と外出中に被災したとき

《 地震発生直後の行動 》

叫び声はぐっと我慢！

叫んでしまうと犬に恐怖が伝染します。犬に声をかけるなら静かに「大丈夫」などと落ち着いた声で。「マテ」などができる場合は指示を出しても。

バッグで頭を守る

左ページのような危険な場所からはなるべく離れ、散歩バッグ等で頭部を守ります。建物のそばは割れた窓ガラスや看板などが落ちてくる恐れがあります。

犬を抱えて姿勢を低く

地震の際はひざをつくなど姿勢を低くしたほうが転倒せずに済みます。体を丸めて面積を小さくします。可能なら犬の頭を抱えて守り、揺れが収まるまで待ちます。

リードを絶対に放さない！

パニックになった犬が飼い主さんを振り切って駆けだしてしまうと、その後二度と会えないことも。リードをしっかり握って離さないで。可能なら首輪もつかみます。

愛犬と屋外を歩いているときに地震が起きる恐れもあります。このとき大切なのはブロック塀など危険な場所から離れて身を守ることと、犬を脱走させないようにリードを決して放さないこと。伸縮リードはいざというとき慌ててしまってロックすることができず犬が危険な目に遭う恐れがあるため、普段からノーマルリードで散歩しましょう。

安全に帰宅できるなら帰宅しますが、帰路が危険な場合は近くの避難場所へ犬と一緒に向かいます。

POINT

犬と一緒に散歩中に被災することも十分ありうる。自宅への帰路が危険なら犬と一緒に近くの避難場所へ。

災害時に避けたい場所

⚠ 高圧電線のそば

切れた電線に触ると命の危険があります。台風や地震で鉄塔自体が倒れることもあります。

 坂、くぼ地

大雨のときは滑りやすく危険ですし、坂の下のくぼ地は浸水の危険が。アンダーパスにも注意。

⚠ ブロック塀やレンガ塀に囲まれた道

塀が倒れる危険が。建築基準法違反で安全性に問題のある塀も存在しているようです。

⚠ 狭い路地

建物が倒れて道が塞がれたり、逃げ場がなくケガをする危険があります。阪神・淡路大震災では幅4m未満の道の7割以上が通行不可能となりました。

⚠ 地下道

大雨の際は冠水や土砂災害、崩落の危険が。水害が起きた場所を通っている地下鉄も危険。

⚠ 自動販売機のそば

倒れる危険があります。

⚠ 水辺

水害時には川辺や海辺には決して近づかないでください。

 沿岸部

地震後数分で津波が到達することが。急いで高台や津波避難タワーへ。海に遊びに行く際は避難先を調べておくと◎。

⚠ 崖や傾斜

地震の揺れやその後の雨で土砂崩れが起きることが。ひび割れや小石がパラパラ落ちるのは土砂崩れの予兆です。

CASE 3 飼い主のみが外出中に被災

すぐに帰宅できないときは

外出先で被災した際のフローチャート

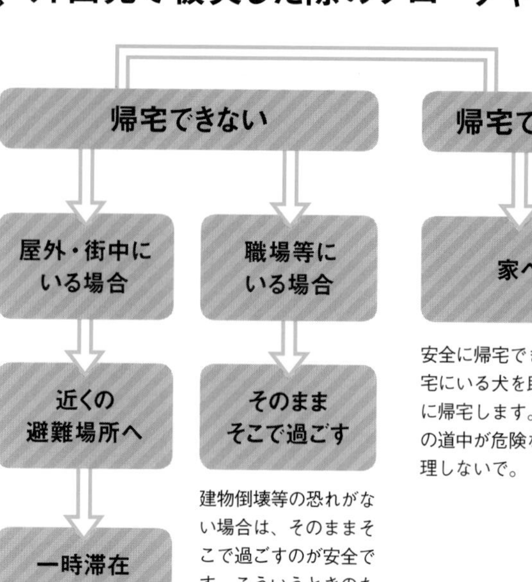

安全に帰宅できるなら自宅にいる犬を助けるために帰宅します。自宅までの道中が危険な場合は無理しないで。

建物倒壊等の恐れがない場合は、そのままそこで過ごすのが安全です。こういうときのために職場等にも最低限の非常用グッズを用意しておきたいもの。

まずは近くの避難場所で様子を見ます。公共交通機関が復旧せず帰宅できない場合は、首都圏であれば一時滞在施設に身を寄せます。受け入れ可能となった一時滞在施設は行政等から情報発信されます。

すぐに帰宅できないときは遠隔操作できる給餌器を利用

インターネットを通して操作できる給餌器があります。停電していなければ、すぐに帰宅できないときでも犬に食事を与えることができます。

外出先で被災した場合、家の近くならすぐ帰れますが、**離れた場所の場合、交通機関が麻痺してすぐに帰宅できないこともあります。**そんなときはまず家族の安否を確認し、その後犬の安否を確認。家族が家にいれば犬の安否も確認できます。停電していなければ見守りカメラで確認する方法もあります。

窓の外などから犬の様子が見える場合は、親しいご近所さんに確認してもらうこともできます。**こんなときのために頼りになる知り合いを作っておきたいものです。**

POINT

外出先で被災した場合は帰宅困難になることも。外出先から犬の安否を確認できる方法を作っておきたい。

《 犬の安否確認の仕方 》

① 家族が家にいるなら災害伝言ダイヤル等で連絡をとる

普通の電話は回線がパンクして通じなくなっていることが多いため、災害伝言ダイヤルやLINEなどを利用し家族の安否を確認。家族が家にいたら犬の安否も一緒に確認できます。

➡ P.127 LINEでの安否確認

② 見守りカメラで確認

インターネットを通じて映像を確認できるカメラを、犬がよくいる場所が映るようにセットしておけば、無事でいるかどうかわかることがあります。

③ 近所の人に確認してもらう

窓の外から中が覗けるような家なら、親しくしているご近所さんに見に行ってもらっても。中の様子がわからなくても、建物の無事が確認できるだけでも安心です。ただし、あらかじめその人と連絡を取る手段（災害伝言ダイヤル等）を作っておく必要があります。

長距離を徒歩で帰宅するには

遠いけれど、なんとか歩いて帰れる距離の場合、あると便利なのはスニーカーと帰宅支援マップです。特に女性の場合、ヒールのある靴だと長距離を歩けません。職場等にはスニーカーを用意しておくとよいでしょう。

帰宅困難者に対する支援として、首都圏ではコンビニやガソリンスタンド、ファミリーレストランなどが「災害時帰宅支援ステーション」として水・トイレ・テレビやラジオからの災害情報の提供を行うことになっています。

column

～外出先での地震、身を守る方法～

基本はカバンで頭を守る

どこにいても、とにかく頭を守ることが大切です。カバンを頭に乗せたり、大きいカバンがないときは上着を被る、スーパーでは買い物カゴを被ってもOK。何もないときは両手の手首を内側にして動脈を守りつつ頭を抱えます。ひざを床につくなど低い姿勢のほうが転倒しづらいです。

繁華街

高層ビルから割れた窓ガラスなどの落下物が降ってきます。耐震性の高い新しいビルが近くにあれば中に逃げ込むか、近くになければ可能な限りビルから離れて広場など落下物の危険がない場所に移動します。人混みはパニックになる危険もあり、冷静な行動が求められます。

横浜市で耐震基準を満たしていると認定された建築物に表示できる「あん震マーク」。

地下街

地下街は地上より安全です。頭を守りながら柱や壁のそばで揺れが収まるのを待ちます。地上への非常口は60mおきにあります。地震直後は非常口に人が殺到しやすいので注意。停電になるとパニックになりがちなので、慌てずスマホの懐中電灯機能などを使って辺りを確認します。

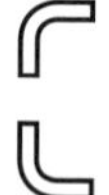

路上

ブロック塀、レンガ塀、自動販売機などは倒れて来る恐れがあるので離れて。狭い路地は道が塞がれることが多いので早めに移動を。阪神・淡路大震災時、幅4m未満の道の7割以上が通行不可能になっています。

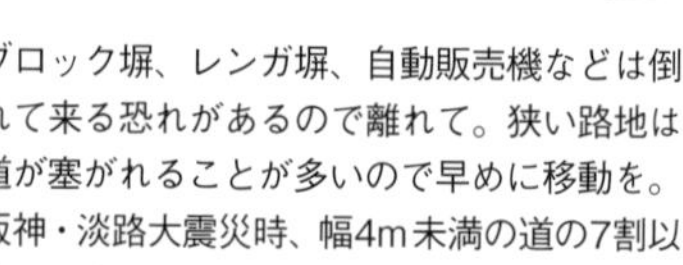

➡ P.69 災害時に避けたい場所

高層ビル・マンション

高層ビルは地震波と共振して揺れやすく、また長く揺れます。さらに低層階より高層階のほうが大きく揺れます。オフィスの場合、コピー機が動き回ったり、人は立っていることができなくなります。比較的落下物が少ないエレベーターホールや階段の踊り場に移動して揺れが収まるのを待ちます。

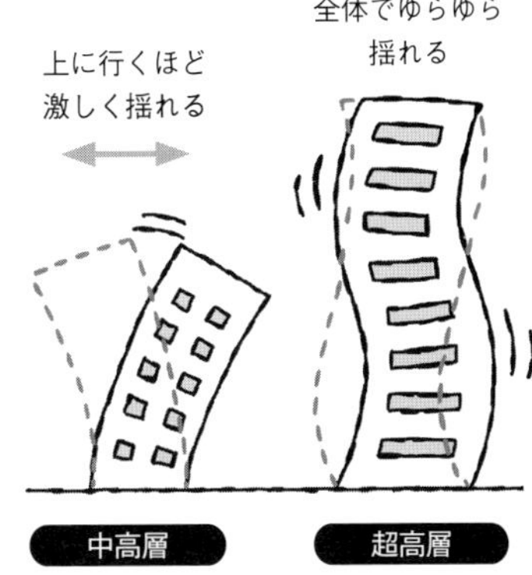

エレベーター内

すべての階の行き先ボタンを押し、止まった階で降ります。閉じ込められたらインターホンで外部に連絡を。停電しても非常用照明が点灯します。非常用グッズとして水や食料、簡易トイレなどが備え付けられているエレベーターも。ちなみに上部が内側から開けられるエレベーターは日本にはありません。

駅の構内

ホームから落ちないように線路からできるだけ離れ、柱のそばで揺れが収まるのを待ちます。階段やエスカレーターでは転倒しやすいので姿勢を低くして。揺れが収まったら駅員の指示に従い避難します。地下鉄の構内は地上より安全なのですぐには地上へ出ないほうが◎。

電車の中

強い揺れを感知すると電車は急停止します。立っていたら倒れないように手すりや吊り革につかまり、座っていたらカバンなどで頭を守り姿勢を低くします。停電してもしばらくすれば非常用照明が点きます。揺れが収まったら乗務員の指示に従って避難。独断で線路上に降りると感電の恐れがあるので厳禁。

車の運転中

ハザードランプを点けて徐々に減速し、道路左側に停めてエンジンを切り、揺れが収まるまで待機。ラジオ等で情報収集し、避難の必要がある場合は徒歩で避難します。車は可能であれば駐車場や広場など道路外の場所に移動します。貴重品や車検証は持ち出します。

➡ P.67 車で避難してもいい？

水の災害（大雨洪水、土砂災害など）

水が足首の深さになる前に避難する

80cm …… 水が腰まで来たら歩くのは危険！
70cm …… 男性でも歩くのが難しくなる
50cm …… 女性は歩くのが難しくなる
30cm …… 外開きドアが開かなくなる
車はエンジン停止する危険
20cm …… 子どもは外開きドアを開けられない
車はブレーキ性能が低下

異常気象で台風や集中豪雨などの水害が増えて来た日本。水害は早めの避難が基本で、足首以上に冠水した道路を歩くのは危険とされています。避難が遅れた場合は垂直避難（自宅や隣接建物の高い階に移動）してやり過ごす方法もありますが、2階以上の浸水も起こり得ます。気象情報に注意し、警報が出たら避難を決断するなど、早めの避難を心がけましょう。特に夜間の避難は危険なので、夜間に大雨や台風の接近が予想されているときは暗くなる前に予備避難しましょう。

POINT

冠水している道路を歩くのは危険なので、冠水する前に避難。間に合わなければ高い階に行く垂直避難を。

道路冠水時の歩き方

傘はささずに雨合羽で防水

大雨のときに傘では雨を防げませんし風にあおられる危険があります。上下が分かれたレインウェアを着るのがベスト。

犬のキャリーバッグもポリ袋などで防水

キャリーの隙間から雨が入らないようにポリ袋などで覆います。中・大型犬をリードで連れ歩く場合、犬にレインウェアを着せると冠水時は体にまとわりつき歩きにくくなることも。冠水時の汚水が原因で感染症になることもあるため、避難はできるだけ冠水前に行って。

長い棒で足元を確かめながら歩く

足元がよく見えないのが冠水の怖いところ。危険なものが水中にあったり、マンホールが外れていて踏み外すことも。傘など長い棒で足元を確認しながら歩きます。

手は極力空けておく

冠水した道路を歩くのはただでさえ危険。片手は荷物で塞がず空けておくほうが安全です。非常用に持ち出す品を少なくする必要も。

長靴でなくスニーカー

脱げにくいぴったりした長靴ならOKですが、普通の長靴は中に水が溜まって足が抜けてしまいます。履き慣れたスニーカーのほうが安全。釘など危険なものを踏み抜かないよう、踏み抜き防止インソールを入れておくと◎。ない場合はできるかぎりすり足で歩くと安全です。

防災気象情報

大 ↑ 危険 ↓ 小

警戒レベル	防災気象情報
5	大雨特別警報 氾濫発生情報
4	氾濫危険情報 土砂災害警戒情報
3	大雨警報・洪水警報 氾濫警戒情報
2	大雨注意報・洪水注意報 氾濫注意情報
1	早期注意情報

自宅が土砂災害や浸水リスクの高い地域にあるなら、早めに避難を開始する必要があります。

自宅でやり過ごす場合

屋外へ出るのがすでに危険なときや突発的なゲリラ豪雨の場合は、室内で危険をやり過ごします。

雨戸やカーテンを閉め窓から離れた場所へ

風雨を防ぐため雨戸を閉めます。ガラスが割れたときに備え、カーテンを閉めて端をガムテープで壁に留めるとガラス飛散を防ぐことができます。

建物の2階以上または山の反対側へ移動

浸水が予想されていたらなるべく高い階へ移動。山や崖のそばにある建物は、土砂崩れのリスクを減らすために反対側に移動します。

地下や半地下からはすぐ出る

地下に雨水が流れ込むと外開きドアが開けられなくなり、閉じ込められる危険が。下水が逆流して風呂場やトイレから水が噴き出すことも。

土のうや水のうで浸水を防ぐ

土のうや水のう（土の代わりに水を入れた袋）を積んで建物への浸水を防ぎます。ゴミ袋を２枚重ねて中に半分ほど水を入れ、口を縛るだけでも簡易水のうができます。

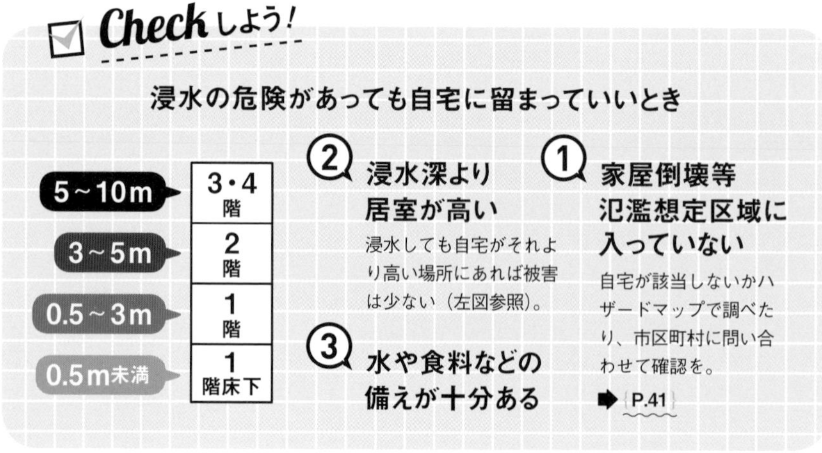

《 水の災害Q&A 》

Q 雷で犬がパニックに！　対処法はある？

A 雷が苦手な犬は多いもの。避難先で鳴き続けるなどすると肩身の狭い思いをしますし、他の人の迷惑になるからと出て行かねばならない事態にも。雷恐怖症の犬用の「サンダーシャツ」というものがあるので平時に試してみましょう。体をきゅっと抱きしめるような服で、犬の不安や恐怖を緩和させる効果があるといわれます。伸縮性のある包帯を巻いて同様の効果を得る方法も。獣医師に安定剤を処方してもらったり、コットンを耳に詰めて耳栓をしてもよいでしょう。

➡ P.50 いろんな音に慣らす

Q 浸水が引いたらすぐ散歩してOK？

A 冠水時の水には汚水や下水が混じることがあります。水が引いた後、道路に残った泥にも病原体が含まれている恐れがあるため、散歩は泥が積もった場所を避け、家に入る前に犬の脚や体を丁寧に拭いて。人も外出後は手洗い、うがいを徹底します。地元でレプトスピラ症が発生している場合は、レプトスピラ症予防を含めた混合ワクチン接種の検討を。

Q 犬と散歩中、急に落雷！危険を避けるには？

A 木や電柱には雷が落ちやすいため、４m以上離れます。下の図の左側の三角形の範囲内は比較的安全です。傘をさすと避雷針代わりになってしまうのでNG。避難できる建物がない開けた場所では、「雷しゃがみ」という姿勢をすると◎。つま先で立つことで地面との接点を小さくし、かかとを合わせることで万一電気が足から侵入してももう片方の足へ逃すことができます。

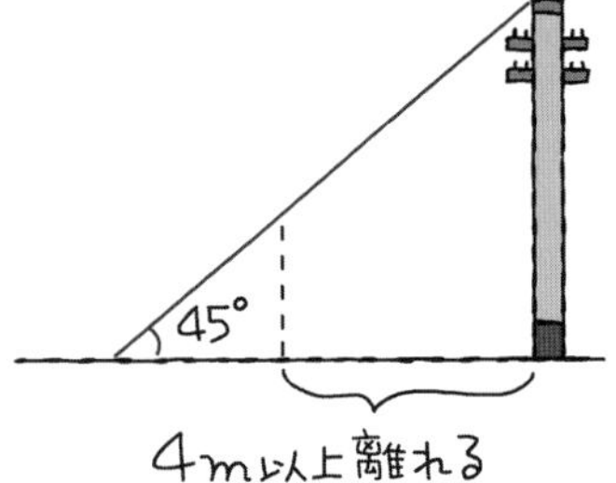

ケガや体調不良のとき 犬の応急処置

意識の有無を確認

体を揺すらず耳元で呼びかけ、反応の有無を確認します。

意識がある ⇨ **外傷等を確認**

ケガしている場合は応急処置を施します。ただし、意識があり、さらに痛みがあるときは興奮して飼い主さんにも咬みつくことがあるため、まず保定することが必要です。暴れて手がつけられないときは自分で処置するのはあきらめ、なんとか動物病院へ連れて行きます。

➡ P.88 犬の保定の仕方

意識がない ⇨ **心音の確認**

左側の胸に耳を押し当て、鼓動があるかどうか確認します。1分間に小型犬は60～140回、中・大型犬は60～80回心音が聴こえるのが正常。15秒間数えて4倍します。

POINT

獣医師に診てもらえないときに行う応急処置の仕方は、飼い主としてひと通り確認しておきたい。

ここで紹介する応急処置は、獣医師を探したり動物病院に連れて行ったりする時間や手段がない場合に、犬の命が助かる可能性を少しでも高めるためのものです。可能なら動物病院に連れて行ったほうが確実ですし、連れて行けなくとも連絡が取れるのならば、獣医師の指示を仰ぎながら行ったほうが安全です。間違ったやり方は悪化を招くこともあります。災害時でも診療を続ける動物病院は多く、過去の災害でも全壊・半壊した動物病院が電気や水が使えないなか必死の救護活動を

心臓が動いている

呼吸の確認

胸が上下しているかどうかを見ます。鼻先に鏡やメガネを当てて曇るかどうか、小さくちぎったティッシュを鼻先に当てて揺れるかどうかでも確かめられます。

呼吸がある

安静

心音と呼吸があるときは、心臓がある左を上にして安静にし、意識が戻るのを待ちます。ケガ等は応急処置を施します。10分以上意識が戻らないときは動物病院へ。

心臓が動いていない

【人工呼吸】P.86**と【心臓マッサージ】**P.87**を行う**

呼吸がない

【人工呼吸】P.86**を行う**

心臓マッサージは行わないこと。心臓が動いているのにマッサージをするとよけいな負担をかけてしまいます。

行っていたことがわかっています。

応急処置を行う際は、飼い主さん自身に危険が及ばないよう安全な場所で行ってください。大声を出したりすると犬がパニックになるため、何よりも飼い主さんがまず落ち着くことが大切です。

タイムリミットは15分

心臓が停止して5分経つと脳死が起こります。10分経つと蘇生の確率はゼロになります。心肺停止してすぐ心臓マッサージと人工呼吸を始めたとして、心臓マッサージで多少血液が脳に送られることを考慮しても、タイムリミットは15分。15分続けても脈や自発呼吸が戻らない場合、残念ですが助かる見込みはありません。愛犬を救えなかったことをむやみに責めないことも大切です。

出血

静脈からの出血か、動脈からの出血かで止血方法が異なります。

血がにじみ出る

静脈出血

圧迫止血

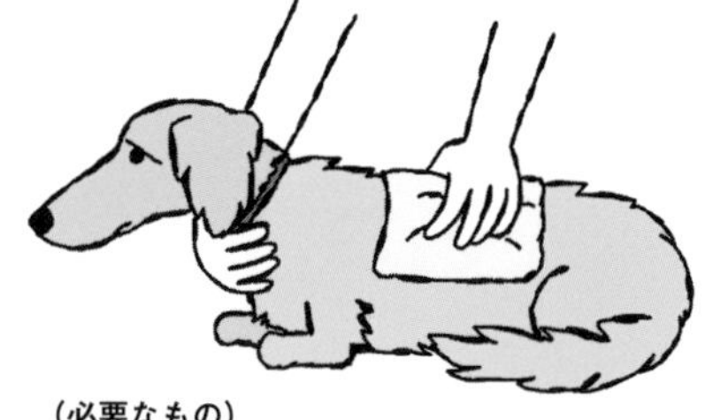

（必要なもの）
ガーゼや包帯、なければハンカチやタオル

傷口にガーゼや包帯などを強く押し当てます。血がにじんできてもガーゼは取り換えず圧迫しつづけます（取り換えると固まりかけた傷口が開いてしまいます）。５分以上圧迫したらガーゼの上から包帯などで患部を緩く巻いて傷口を保護します。圧迫するのはハンカチやタオル、布切れでもOK。脱脂綿やトイレットペーパーは傷口にくっつきやすいため適しません。

血がドクドクと湧き出る

動脈出血

心臓に近い部分を縛る

（必要なもの）
包帯やタオル、ハンカチ、ペンなどの棒

傷口より心臓に近い部分をタオルや包帯、ハンカチ等で縛って止血します。きつく縛るために、タオル等を縛った結び目にペンなどの棒を差し込み、もうひと巻きします。そのまま放っておくと縛った先の部分に血液が行き渡らず壊死を起こしてしまうため、5分おきに結び目を緩め、壊死を防ぎます。出血が治まったら上記の圧迫止血に切り替えます。

MEMO

貧血の見分け方

犬の下まぶたをアッカンベーするように押し下げ、内側を見ます。赤みがなく白っぽい場合は出血多量で貧血になっている恐れがあります。歯茎の色も同様。外傷がなくても体の内部で出血している恐れがあります。一刻も早く動物病院へ。

少量の出血は洗い流すだけでOK

出血があまりない場合は、傷口に付いた砂などを流水で洗い流して清潔にするだけでOK。水道まで連れて行けなければ、ペットボトルやコップから水を流して洗います。水がない場合もできるだけ汚れを取り除きます。

骨折・打撲

骨折なのか打撲なのか素人には見分けづらいですが、いずれもむやみに動かさないことが大切です。

打撲

冷やす

傷口がない場合はとりあえず患部を冷やします。保冷剤や保冷枕、氷のうを患部に当てます。冷やす時間は15〜20分が目安です。

(必要なもの)
保冷剤、保冷枕、氷のうなど

骨折

固定する

(必要なもの) 段ボール、包帯、タオル、ガムテープ

異常に腫れていたり、脚が異常な向きに曲がっているときは骨折です。患部をぶつけたり痛みで暴れて悪化するのを防ぐため、添え木を当てて固定します。段ボールや板の切れ端を当て、ガムテープや包帯、タオルで巻いて固定します。うまく添え木を当てられない場合は無理せず、なるべく動かさないようにして動物病院へ連れて行きます。折れた場所を元に戻そうとしてはいけません。

板や段ボールを担架に

骨折時は患部をなるべく動かさないようにして運ぶ必要があります。キャリーは脚を曲げないと入れづらいため、板や段ボールを担架代わりにして運ぶとよいでしょう。タオルや包帯で板ごと犬の体を巻いて固定すると◎。特に段ボールは滑りやすいので固定が必要です。意識がないときも同様になるべく動かさないようにして運びます。

やけど

とにかく冷やすことが大切。動物病院への搬送中も患部を冷やします。

部分的・軽度のやけど

↓

冷やす

患部についた砂などの汚れを洗い流し、保冷剤や保冷枕、氷のうなどを患部に当てて冷やします。冷やす時間は15～30分が目安。動物病院へ搬送中も冷やしながら行くと◎。

(必要なもの)
保冷剤、保冷枕、氷のうなど

広範囲・重度のやけど

↓

ラップで覆って冷やす

(必要なもの)
食品用ラップ、テープ、タオル、保冷剤、保冷枕、氷のうなど

患部の汚れを洗い流したあと、患部を食品用ラップで覆い、はがれないようテープ等で固定します。傷口を露出せず乾燥させないことで傷の治りをよくする「湿潤療法」です。痛みを軽くするため、ラップの上から冷たいタオルなどで覆って冷やしたり、保冷剤などを当てます。傷口は毎日洗ってラップを張り替えます。

やけどに消毒や軟こうはNG

一般的な消毒剤や軟こうは細菌を殺す働きがありますが、治そうとする細胞まで一緒に殺してしまいます。ですから傷口は水で洗うだけでOK。あればワセリンを傷口に塗ったり、ラップに塗って使用すると傷口の保護や鎮痛効果があります。
犬の体は毛で覆われているため、やけどしても発見しづらいことがあるので気を付けましょう。

やけどの重症度

Ⅰ度	表皮のみのやけど。皮膚が赤くなる状態。
Ⅱ度	真皮にまでやけどが進んだ状態。痛みや水ぶくれが出ます。
Ⅲ度	皮下組織までダメージが及んだ状態。かなり深くまでやけどしているので、知覚が消失し、痛みを感じません。
Ⅳ度	骨や筋肉など、より深い部位にまで及んだ状態。

熱中症

夏場は室内でもかかることのある熱中症。一刻も早く体を冷やす必要があります。脱水の改善(84ページ)も同時に行いましょう。

熱中症

冷やす

暑い場所に閉じ込められるなどすると熱中症にかかり、命にも関わります。とにかく早く冷やすことが大切。保冷剤などを後頭部や首、脇など太い血管が走っている場所に当てます。熱が39℃まで下がり、ハアハアという口呼吸が治まるまで続けます。脳や内臓に障害が起こることもあるので必ず動物病院へ。搬送中も冷やしながら運びます。

水を入れたタライに犬を入れたり、シャワーで水をかけてもOK。犬が暴れるなら洗濯ネットに入れて行います。

水で濡らしたタオルで全身をくるんで冷やしても。濡れタオルはすぐにぬるくなるのでこまめに取り換えて。

熱中症の重症度

重度 ⟷ 軽度

- けいれんする
- 意識が混濁する
- 口を開けて呼吸
- 嘔吐・下痢
- 脱水症状
- 食欲がない
- 動きが緩慢

避難生活中は電気が使えず、夏場は熱中症にかかりやすくなります。特に高齢、肥満、持病のある犬はかかりやすく、重度の場合は50%の確率で死亡するのが熱中症。いざというときのために瞬間冷却剤を用意しておきましょう。

P.110 暑さ対策

脱水

熱中症のときはもちろん、風邪、嘔吐、下痢を起こしたときにも脱水症状は起こります。

脱水

経口補水液を飲ませる

スポーツドリンクを２倍に薄めて飲ませるか、なければ下記の要領で経口補水液を作って飲ませます。シリンジやスポイトで犬歯の後ろの隙間から入れます。一度にたくさんではなく少しずつ頻繁に与えるのがコツ。特に嘔吐しているときは一度にたくさん飲ませると嘔吐をくり返すことがあります。口を開けて呼吸するなど重度の脱水では点滴等が必要のため動物病院へ急ぎます。

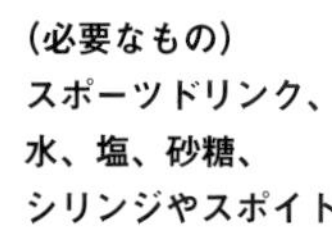

体重1kgあたり10cc以上飲ませる

MEMO

経口補水液の作り方

水1ℓに対し砂糖大さじ2（約20g）、塩小さじ1/4（約1.5g）を溶かせば犬用の経口補水液が作れます。冷やさず常温でOKですが、冷蔵庫がないと作り置きできないのでその都度作ります。冷蔵庫で保管できる場合も１日で使い切ります。

脱水症状の見分け方

首の後ろの皮膚をつまみあげて離してみてください。健康な犬なら皮膚に弾力があるので１秒程度で戻りますが、脱水のときは皮膚の弾力がなくなり、戻りが遅くなります（個体差があります）。歯茎がベタベタしていたり乾いているときも脱水の疑いがあります。

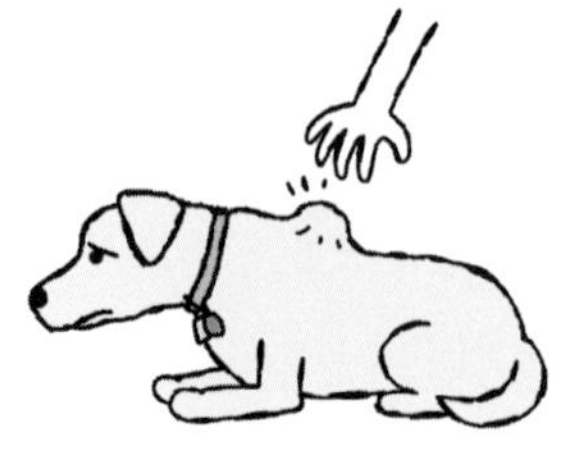

【低体温】

寒さだけでなく、病気やケガでも低体温に陥ります。
犬の場合、37℃はすでに低体温です。

低体温

心臓に遠い場所から温める

寒い場所に長時間置き去りにされたりすると低体温になります。雪山の遭難と同じで、いきなり心臓を温めたり急激に温めると体の負担が大きいため、心臓より遠い場所からゆっくり温めるのが大切。段ボール箱に入れて湯たんぽやカイロを足先やおしり、顔などに当てます。温かい空気が逃げないように箱にはタオルや毛布をかけると◎。病気やケガなど内因性の低体温の場合、その治療（止血など）も並行して行います。

（必要なもの）
湯たんぽ、カイロ、
ペットヒーター、
段ボール、タオルなど

➡ P.112 寒さ対策

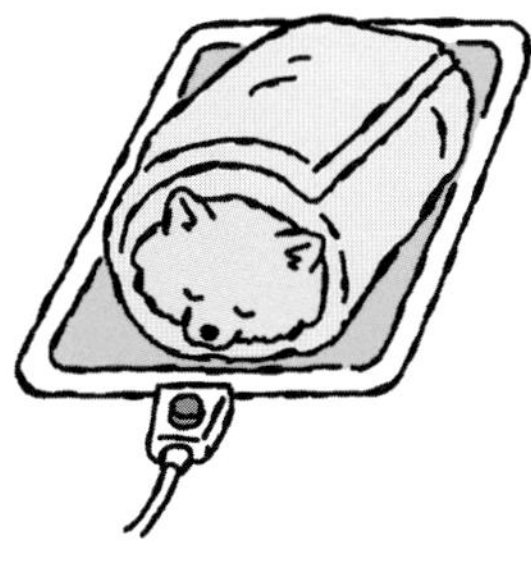

アンカ型のペットヒーターで温めるときも、体を毛布やタオルで包んでから乗せるなど間接的に温めると◎。マッサージで温めようとしてゴシゴシこするのはNG。安静を心がけます。

ドライヤーで温めるのは危険

ドライヤーは急激に温まるため体の負担が大。基本は避けますが、濡れそぼっているときはドライヤーで早く乾かしてあげたほうがよいでしょう。

低体温の重症度

重度 ⟷ 軽度

- 呼吸困難
- 昏睡

- 筋肉硬直
- 呼吸が浅く遅い
- 不整脈

- 全身の震え
- 呼吸が速い
- 血の気がない

【呼吸がない】

……（自発呼吸が見られない場合は犬の鼻から息を入れる「マウスツーノーズ」で人工呼吸を行います。）

呼吸がない

人工呼吸

呼吸が止まってから人工呼吸を開始するまで早ければ早いほど助かる見込みが高くなります。２人以上いるなら、１人が人工呼吸している間にもう１人が動物病院に連絡を。病院へ運んでいる間もできる限り応急処置を続けます。目元がピクピク動くなどは意識や自発呼吸が戻ったサインですが、再び呼吸が止まることもあるため必ずそばで様子を見るようにします。

1 気道の確保

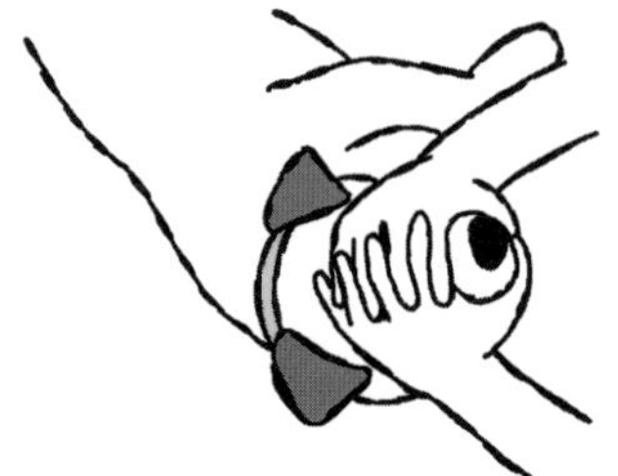

犬の体を右側を下に、心臓のある左側を上にして寝かせ、首をまっすぐにして気道を確保します。口内を見て異物が入ってないこと、舌がのどの奥に巻き込まれていないことを確認します。空気の漏れを防ぐために口の横を両手でイラストのように押さえます。

のどの奥に舌が巻き込まれていたら

口を開けて犬の舌を前方に引っ張り出します。舌がすべってつかみづらい場合は布を当ててつかみます。異物がある、吐いたものが詰まっている場合は指でつまんで取り除きます。

2 犬の鼻に口をつける

犬の口と鼻を自分の口ですっぽりと覆います。

3 息を入れる

1分間に10～15回（4～6秒に1回）の割合で息を吹き込む

犬の胸部がふくらむように鼻からフーッと息を吹き入れます。急速に入れると胃のほうに空気が入ってしまうのでゆっくりと吹き入れます。口を離し、入れた空気が外に出て胸がしぼむのを確認します。

4 自発呼吸が戻るまで続ける

15秒に1回くらいの間隔で心音の再確認をしながら人工呼吸を続けます。目元がピクピク動き始めるのは自発呼吸再開のサイン。人工呼吸を中止し様子を見ます。

＊自発呼吸があるときに人工呼吸をすると危険です。呼吸の確認法はP.79へ。

心肺停止

心肺停止の場合は心臓マッサージと人工呼吸を交互に行います。

心肺停止

心臓マッサージと人工呼吸

心肺停止を確認したら、心臓マッサージと人工呼吸を交互に行う「心肺蘇生術」を行います。ほとんどの人が経験のないことと思いますが、完璧ではなくとも一刻も早く開始することが蘇生の可能性を高めます。普段、生きた犬では練習できませんが、シミュレーションだけでもしておくと落ち着いて行動できます。

1 右を下にして寝かせる

右側を下に、心臓がある左側を上にして寝かせます。

中・大型犬

1分間に80～100回、
3～7cmの深さで圧迫

2 胸を圧迫

心臓は左前脚の付け根の後ろ辺りにあります。小型犬の場合は胸を片手でつかみ、もむように指で圧迫します。大型犬の場合は同じ場所に親指の付け根を当て、その上にもう片方の手を重ねて圧迫します。

＊小型犬をあまり強く圧迫すると肋骨が折れ、肺などの臓器を傷つける恐れがあるので注意。

小型犬

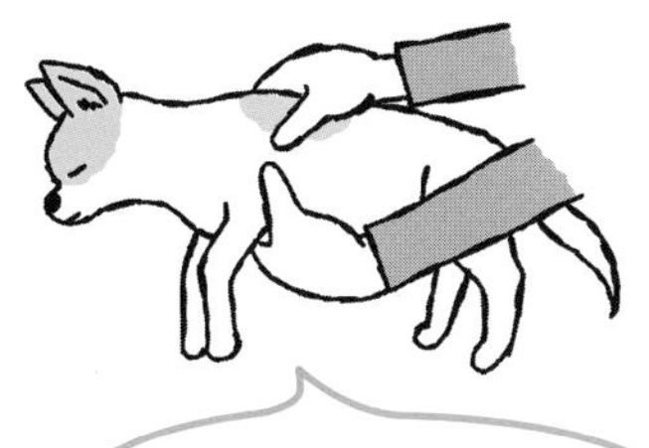

1分間に100～120回、
1～2cmの深さで圧迫

3 人工呼吸

小型犬は心臓マッサージを5～10回、大型犬は10回行ったら人工呼吸を1回行います。➡ P.86

4 脈拍が戻るまで続ける

脈を1分ごとに確認し、脈が戻っていなければ❷❸を続けます。脈はP.78のように胸に耳をつけるか、足首や内股、脇を触って確認します。15分続けても脈が戻らないときは、残念ですが助かる見込みはありません。

＊心臓が動いているときに心臓マッサージをすると危険です。心音の確認法はP.78へ。

column

～犬の保定の仕方～

ケガした犬の応急処置をするときや、怯えた犬に投薬や検査をしたいときには犬と飼い主さんの安全のために保定する必要があります。
コツは力任せに押さえるのではなく、肘や脇を締めることで犬の関節の自由を制限すること。普段から練習しておくとベストです。

犬座姿勢（けんざしせい）

犬が座った状態で保定する方法。
薬を飲ませるときや
目薬を差すときなどに。

犬の体を引き寄せ胸にぴったりとつけます。
もう一方の手は犬の腰に回します。
犬の頭を抱きかかえるようにして腕を回し、首輪に親指を通してつかみます。

立位（りつい）

犬が立った状態で保定する方法。
肛門での体温測定などに。

伏臥位（ふくがい）

犬が伏せした状態で
保定する方法。
暴れる犬や採血時に
適した保定法です。

犬の頭を抱きかかえるようにして腕を回し、首輪に親指を通してつかみます。
体重をかけて押さえます。
肩や前脚を押さえます。

横臥位（おうがい）

犬が横向きに寝た状態で
保定する方法。
おなか側の治療を
したいときなどに。

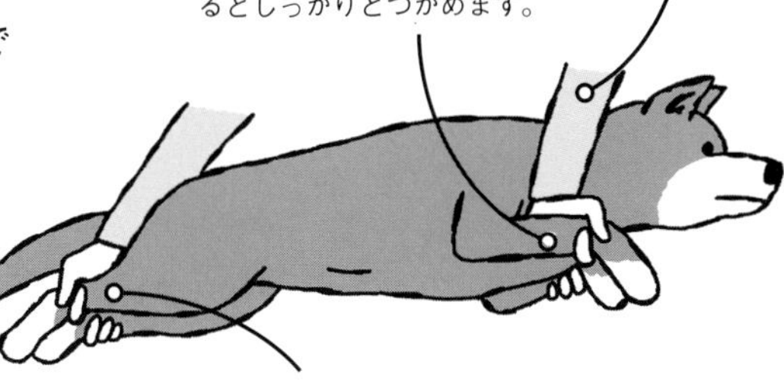

両前脚を片方の手でつかみます。脚の間に人差し指を入れるとしっかりとつかめます。
腕で犬の頭を押さえます。
前脚と同じように両後ろ脚もつかみます。

抱っこ保定

小型犬向けの保定法です。

犬の頭を手で押さえます。
腕で犬の胴体を押さえます。
犬の腰を支えます。脚の間に人差し指を入れて両後ろ脚をつかむと◎。

リードは付けたままで

避難所や屋外で応急処置を行う場合は、脱走防止のために犬にリードを付けたまま治療等を行います。リードの持ち手もしっかり握って。

口の保定

普段おとなしい犬でもパニック状態になると飼い主さんを咬むこともあります。
口を保定してから応急処置などを行いましょう。

エリザベスカラーを着ける

市販のものがなければクリアファイルや段ボールを切り張りして簡易的なカラーを作ることもできます。

短頭種はタオルでマズルを覆っても

マズルが短い犬種は右記の包帯での保定はできません。口輪などがなければタオルで鼻の上からあご下まで覆い、首の後ろで持つことで保定できます。

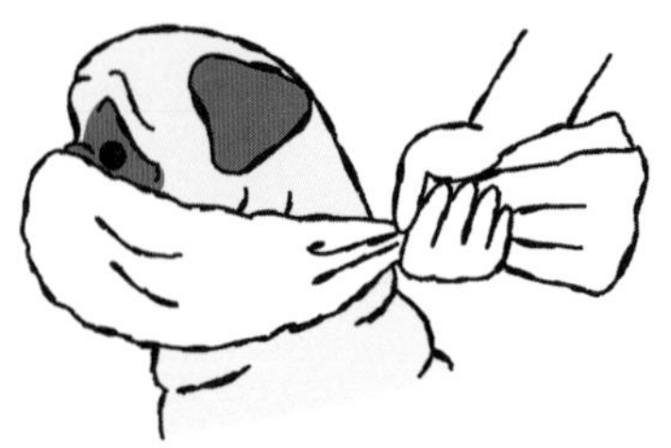

＊長時間このままだと窒息の恐れがあるため、犬の表情を見ながら適宜ゆるめます。

口輪をする

口輪の用意があればベスト。長時間付けっぱなしにすると熱中症やストレスの原因となるため治療が終わったら外します。

包帯を使う

口輪やカラーがなければ包帯でマズルを保定することもできます。

1 包帯をあご下から巻き、マズルの上で1回クロス

2 あご下でもう一度クロスして首の後ろで縛る

＊首周りを2回以上クロスさせると首が締まるので注意。

第3章

避難生活の送り方

どこで避難生活を送るか

CASE 4
車避難
➡ P.104

CASE 5
テント避難
➡ P.106

CASE 1
在宅避難
➡ P.94

自宅敷地内

CASE 2
家に犬を置き、お世話に通う ➡ P.96

CASE 2
知人宅に犬を置きお世話に通う ➡ P.96

CASE 6
動物病院やペットホテルにあずける
➡ P.108

CASE 6
アニマルシェルターにあずける
➡ P.108

CASE 6
知人や親戚にあずける
➡ P.108

POINT

避難所で生活することだけが選択肢じゃない。自宅が無事なら自宅で過ごすのが一番。犬のストレスも少ない。

避難生活といえば避難所で生活することを思い浮かべるかもしれませんが、自宅での生活が可能ならば自宅で過ごすのがベスト。避難所では個々に割り当てられるスペースが狭くプライバシーを守るのも難しいですし、感染症のリスクもあります。犬も自宅のほうがストレスが少ないでしょう。ライフラインが止まるなどで自宅で生活するのが難しいときも、犬は自宅に置いて人は避難所等で寝起きし、毎日お世話に通うという方法も。避難生活の送り方はさまざまあるのです。

避難生活の形はさまざま

避難所敷地内

軒先避難とは屋内ではないが屋根のある場所で過ごすこと。ペット飼育スペースに当てられることも多い。寒さや暑さが厳しいのが問題。

避難所でペットと一緒に過ごすといっても、同じ部屋で過ごせることはまれ。また同居できたとしても猫など他のペットも同じ部屋のことがあります。

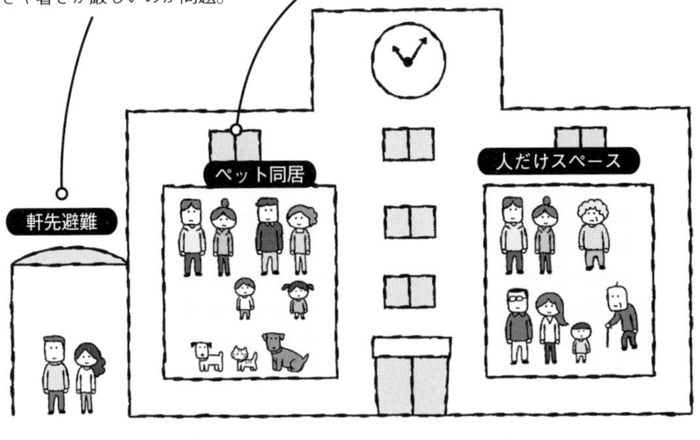

CASE 3
避難所で犬のお世話をする
P.98

CASE 5
テント避難
P.106

CASE 4
車避難
P.104

ペット飼育スペース

避難所でペットと暮らすとしても、ペットはペット飼育スペースに置き、毎日お世話に通うというスタイルが基本。動物アレルギーをもつ人もいることから、人と同じスペースにペットを入れることは難しい。

同行避難≠ペットとの同居

ペットの同行避難を、避難所で同居して生活することと捉えている人がいるようです。同行避難とはペットを連れて安全な場所に移動すること。避難所での同居生活を意味するものではありません。避難所は動物が苦手な人やアレルギーのある人もいることから、ペットは人とは別のスペースに置かれることが多いのです。

CASE 1 人も犬も家で過ごす

家が安全なら在宅避難

 水問題

水道が復旧するまでは給水車などから運ぶ

給水拠点や給水車から水を得ます。ポリタンクや大きめのペットボトルがあればそれに水を入れますが、なければ段ボール箱やバケツに大きめのポリ袋を二重にして被せ、水を入れて縛ると◎。

災害等で断水したときに水を配る、災害時給水ステーションのマーク（東京都）。

出典：東京都水道局ウェブサイト

 食事問題

カセットコンロが大活躍！

発災直後は混乱のピークで調理する余裕はありませんが、少し落ち着いてくると温かいものが食べたくなります。カセットコンロがあれば調理できますし、お湯も沸かせます。カセットボンベ１本で約60分使用できます。

家屋倒壊の恐れがなく、火災など二次災害の心配もなければ、住み慣れた自宅で過ごすのが人も犬もストレスが少なくベストな方法です。阪神・淡路大震災では、多少建物が壊れていても飼い犬の2割弱、飼い猫の6割弱が自宅で飼育されていたことからもそれが窺えます。

電気やガス、水道などのライフラインが止まっているときは上記の方法でしのぎましょう。カセットボンベや飲み水の備蓄があると助かります。救援物資は避難所で入手しながら生活します。

POINT

建物の被害が少なければ人も犬も自宅で避難生活を送るのがベスト。避難所で物資や情報を得ながら過ごそう。

トイレ問題

排水できるなら水で流す。排水できないときはゴミとして処分

災害時、マンションでトイレの水を流すと損害賠償に？

排水管の安全が確認されるまではトイレで水を流してはダメ。特にマンションの場合、上の階の人が排水したことで下の階に水漏れが発生し損害賠償が請求される恐れが。確認が取れない段階では排水しない方法で処理して。

排水できるとき

断水していても排水できる場合は、バケツ１杯分の水で排泄物を流すことが可能。排水管が破損していないか確認してから使用します。洗い物などに使用した水を再利用します。

排水できないとき

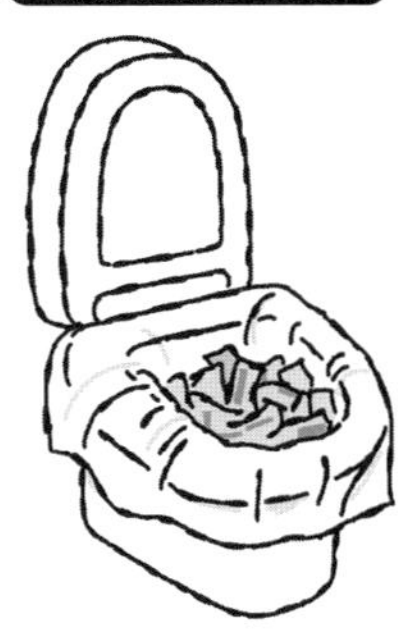

便器の中にポリ袋を被せ、水分などを吸収させるため新聞紙などを丸めて入れます。使用後はポリ袋を縛って排泄物を捨てます。段ボール箱やバケツを便器代わりに使用しても。

避難所で必ず登録を

在宅避難でも救援物資や情報は避難所で得る必要があります。そのため最寄りの避難所で早めに避難者としての登録をします。避難所と違って情報が自然には伝わらないので避難所に顔を出し情報収集しましょう。獣医師会による巡回診療も見逃さないで。犬のためにも積極的に周りと関わりましょう。

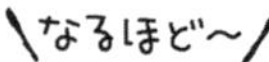

ライフライン復旧の目安

	東日本大震災（2011年）	阪神淡路大震災（1995年）
電気	6日	2日
水道	24日	37日
ガス	34日	61日

電気は比較的早く復旧します。ガスは遅いので調理のためにカセットコンロがあると◎。冬場はガスストーブ以外の暖房器具があると助かります。

CASE 2

家に犬を置き、お世話に通う

人は避難所、犬は家

家に犬を置くときの注意点

よけいなモノは片付ける

地震でモノがめちゃくちゃになった部屋では、犬を探すのも大変。被害が少なかった部屋を片付けてまずはその一室を犬の居場所にすると◎。

犬が逃げ込める場所を用意

避難生活中も余震などが起きる恐れがあります。いつものキャリーなど囲われた場所があると怖いとき犬が逃げ込めます。部屋に転倒する家具がないかも注意して。

脱走防止策は必ず

窓や壁の一部が壊れていたら板や段ボール、ガムテープ等で仮補修。犬が脱走してしまったら大変です。規模が大きく補修が難しければ犬をケージに入れて。

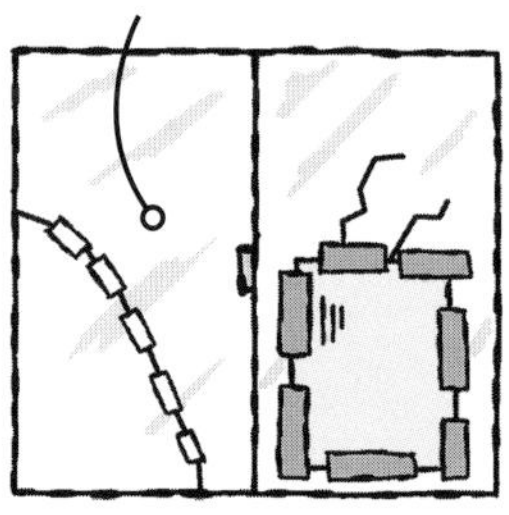

必要な物資を運ぶ

ドッグフードや飲み水などが必要です。自宅に備蓄があるのが一番ですが、なければ入手してお世話に通います。

ライフライン等の問題で自宅では暮らしづらい場合も、自宅建物の被害が少なければ、犬は自宅に置いてお世話に通うという方法が、犬にとってはストレスの少ない次善策です。毎日食事とトイレ掃除等のお世話をしに通います。避難所によってはペット不可の場合もあるので、この方法を取らざるを得ないこともあるでしょう。

被害の少なかった知人宅やペット仲間宅に犬を置き、飼い主同士が協力して飼育するという方法もあります。

POINT

飼い主さんは避難所等で寝起きし、犬は自宅に置いて毎日お世話をしに通うという方法もある。

知人宅に犬を置かせてもらう方法も

可能なら他のペットとは部屋を分ける

感染症予防やストレスの観点から、他のペットとは別の部屋に入れるのがベター。同じ部屋に入れざるを得ないときはケージに布などをかけて他のペットが視界に入らないようにします。

ドアの開け閉めは脱走に注意

万が一にも犬が他の部屋や屋外に飛び出してしまわないよう、ケージのロックやドアの開け閉めには十分注意を。

家主には十分にお礼を

困ったときはお互い様ですが、好意に甘えっぱなしはだめ。会うたびに挨拶とお礼はもちろん、何か迷惑をかけていないか、協力できることはないか聞くなどの気遣いもしたいもの。

自分のペットだけでなく他のペットも気にかける

家主のペットや他の飼い主のペットがいるときも。避難所での「飼い主の会」（P.102参照）のように協力しあえると◎。

マンションの住人は避難所に入れない？

避難所は全被災者を収容できる容量がありません。そのため、比較的耐震性が高いマンション（鉄筋コンクリート造等）に暮らす人は、避難所に行っても在宅避難を求められることがあります。木造住宅のほうが耐震性も耐火性も低いため仕方ない面はあるものの、マンション住人は建物が無事ならたとえ部屋がめちゃくちゃでもライフラインが止まっていても在宅避難するしかない場合があるということ。そのつもりで災害に備えましょう。

CASE 3 犬を受け入れてもらうには

人も犬も避難所

POINT

あくまで人優先の避難所にペットを受け入れてもらうためには、飼い主のマナー徹底が不可欠だ。

犬連れで避難所で過ごしたくとも、その避難所がペット可でなければ犬連れでは入れません。そもそもペットを受け入れるかどうかの方針が決まっていない避難所も多く、災害時の混乱のなかでバタバタと決まっていくことも少なくないですし、飼い主のマナー違反が原因で「やっぱりペットはダメ」となる残念なケースも。そういう意味では、避難所でペットと過ごせるかどうかは飼い主の態度いかんによるともいえます。いずれにしても、避難所の運営者と冷静に話し合いましょう。

① ペット可の避難所かどうか

東京都渋谷区のように、ペットとの同行避難が全避難所で可能という方針を打ち出している自治体もありますが、運営者の方針でペット不可としているところや、そもそもペットの受け入れについて何も検討していないところもあります。そうしたところは災害時の混乱のなかで受け入れの可否がバタバタと決まっていくことも。いざというとき慌てないために、自分の地域の避難所がどういった方針をもっているのか調べてみましょう。何も方針がないなら飼い主として検討を求めることが議論のきっかけになるかもしれません。

避難所でのペット受け入れ方針の有無

(2016年熊本地震、ある自治体の例)

あり	25%
なし	75%

各避難所がペットを受け入れるか否かが決まっていないところも多い。

＊環境省「熊本地震における被災動物対応記録集」より

「ペット同行避難の原則」を主張するのは有効？

ペットとの同行避難は国が示したガイドラインですが、法律ではなく強制力はありません。ですが避難所運営者が知らないこともあるため、こういった指針があることを伝えてみるのもひとつの手でしょう。熊本地震では熊本市災害対策本部から各避難所へ説明し、ペット可になったケースもあります。

② マナー違反が原因でペット不可になることも

せっかく避難所にペットと一緒に入れたのに、飼い主のマナー違反で周りの反感を買い、「やはりペットは不可」となってしまうことも実際にあります。例えば、ノーリードで犬を避難所内に放した飼い主がいたために、その飼い主だけでなく他の飼い主も全員避難所からの退出を命じられたという残念なケースが。マナー違反は自分だけでなく、他の飼い主にも多大な迷惑をかける原因になりうるのです。避難所はあくまで人優先の場所。動物アレルギーや動物が苦手な人もいることを念頭に置いて行動しましょう。

ペットのマナー違反実例

ペットは飼育スペースと決められていたにも関わらず一般のスペースに連れ込んだり、排泄物を片付けず放置する、乳幼児のそばで犬を散歩させるなどの例が。「飼い主の会」(P.102参照)を作るなどして飼い主同士でも注意しあいたいものです。

避難所にペットを入れてほしくないと思う理由

＊内閣府「平成28年度 避難所における被災者支援に関する実例等報告書」より

1. ニオイ …… 79.9%
2. 鳴き声含む騒音 …… 77.6%
3. ペットアレルギー …… 56.7%
4. 動物が怖い …… 23.9%

被災者は「お客様」ではありません

「避難所に行きさえすれば行政が何とかしてくれる」というのは間違いです。役所や避難所の責任者も被災しているなかで避難所を開設・運営するのですから、お客様感覚ではいけません。受付や炊き出しなど、できる範囲で仕事を手伝いましょう。避難所では他の人のスペースに立ち入ったり、覗いたり、大声を上げるなどはマナー違反。要配慮者（高齢者・妊婦・子ども・外国人など）への気配りも必要です。

CASE 3 人も犬も避難所

避難所でのお世話のコツ

特に避難所が開設されたばかりの頃は屋内に犬を入れられず屋外でお世話することも予想されます。学校の渡り廊下のように屋根のある場所ならまだよいですが、**屋根のない場所に置くしかない場合、上記のようにブルーシートで屋根を作ってあげましょう。**

係留する場合は犬が脱走しないようにしっかりと結びます。カフェリードのように持ち手側にもナスカンが付いているものだと安心。リードを噛みちぎって脱走しないよう、ワイヤー入りリードやチェーンリードにするのも◎。

POINT

犬の居場所は屋外の屋根のない場所だったり、見知らぬペットと隣同士だったり。ストレスを減らす工夫を。

サッカーゴールを使った雨避け

⚠ 強風・豪雨時には不向き

⚠ サッカーゴールは必ず横に倒して使用。その際、足の上に落としたり手を挟むなどの事故には十分注意

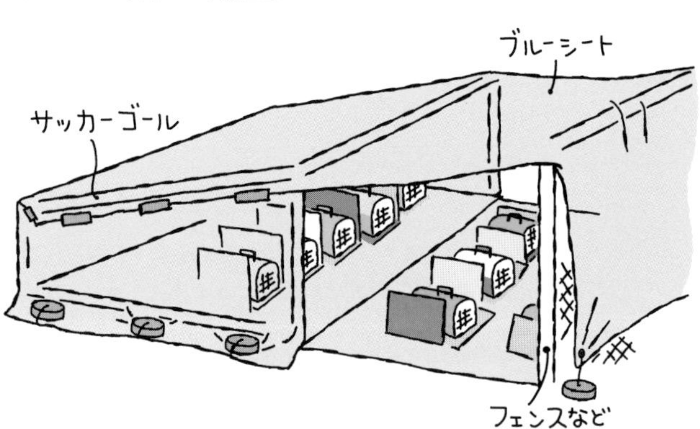

ケージがまだない場合

ペットシーツを床に貼ってトイレに

トレーがなくてもテープで貼ればＯＫ。排泄物はできるだけ早く処理します。シーツで排泄できなければ日に数回散歩させる必要があります。

段ボールで簡易犬小屋

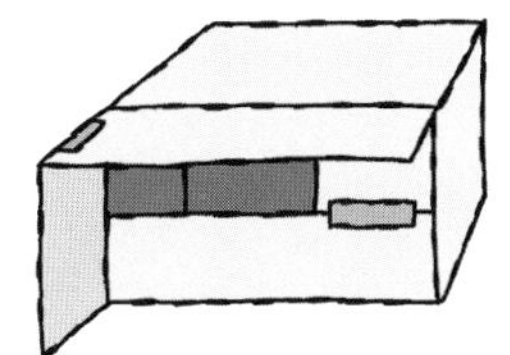

ケージやクレートがないなら段ボールを犬のハウスにします。イラストのように２枚のフタを広げて雨や日差しを避け、残り２枚は閉じて風を防ぎます。中にもう１つ段ボールを入れたり毛布を入れれば防寒に。

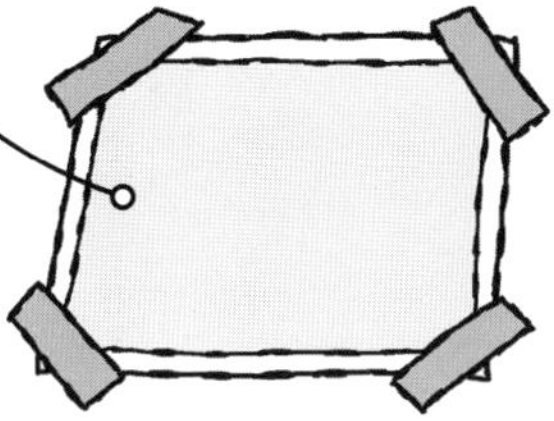

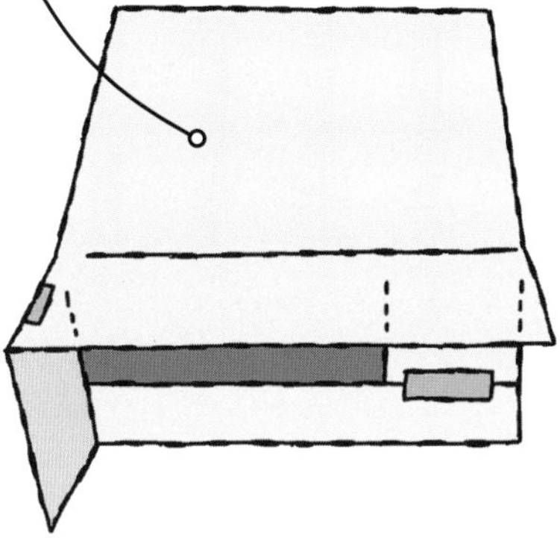

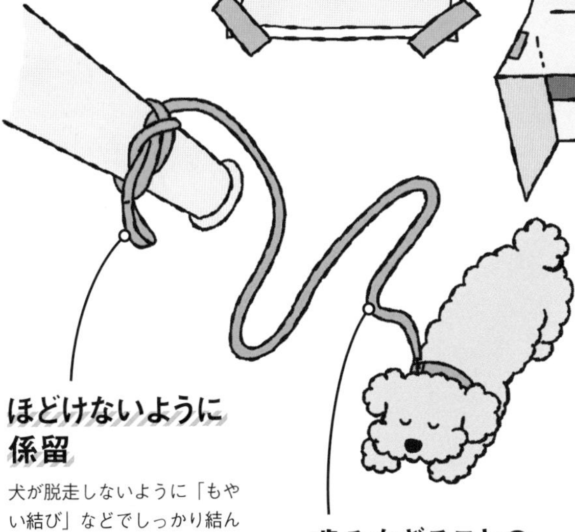

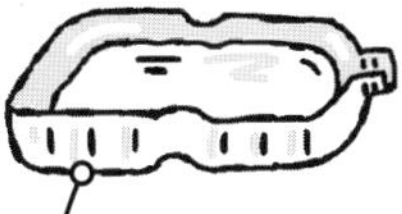

ほどけないように係留

犬が脱走しないように「もやい結び」などでしっかり結んで。他の犬もそばに係留されているなら互いに接触できないように離し、リードも届かない長さにします。

もやい結び

噛みちぎることのできないリードが◎

ワイヤー入りリードやチェーンリードなら噛みちぎって脱走する心配なし。首輪も抜けないよう調節を。

➡ P.110 暑さ対策、寒さ対策

フードはその都度片付ける

置きっぱなしにしておくと害虫問題が。犬が食べ残した分は片付け、飲み水だけ置いておきましょう。

ケージでのお世話

犬の飼い主の情報を明示

何かあったときにすぐに連絡が来るよう、自分の名前や電話番号、寝起きしている部屋などのメモを貼っておきます。

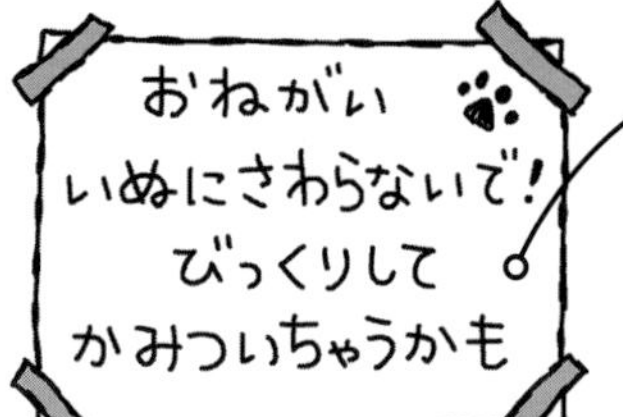

「触らないで」の張り紙

子どもたちが犬に触ろうとして咬傷事故につながったら大変。子どもにも読めるよう平仮名やカタカナで張り紙を作りましょう。

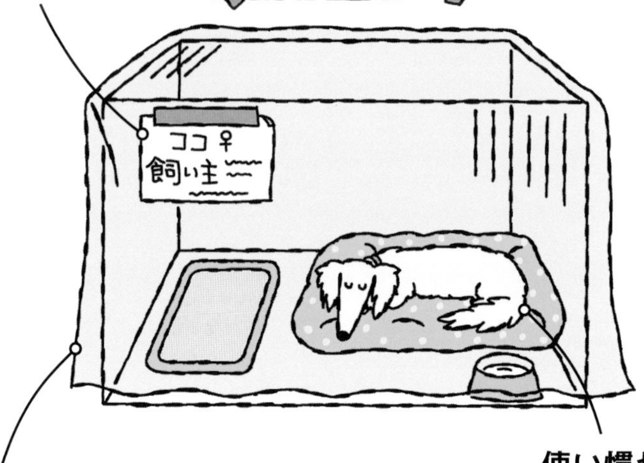

ケージを布や段ボールで覆う

慣れない環境では「囲われた空間」を作ってあげると犬が落ち着きます。特にはじめの頃は全面を覆ってあげると◎。

他のペットとはなるべく離す

見知らぬ犬や猫が見えるとストレスの原因に。ケージ同士をなるべく離すか、視界に入らないように置くと◎。

使い慣れたベッドやタオルがあると安心

犬が普段使っている寝床や、飼い主さんのニオイの付いた服などを入れてあげると落ち着きます。

「飼い主の会」を作ろう

飼い主が一致団結することも大切。代表者を決めれば、避難所運営者との話し合いもスムーズになります。ペット用の救援物資や獣医師会による巡回診療などの情報も伝わりやすくなるでしょう。自宅の片付けなどで避難所を留守にする場合もありますから、その間は互いに給餌のお世話を引き受けるなど協力しあいましょう。ペットスペースの清掃を分担するのもよいでしょう。

抜け毛や汚れには気を遣おう

犬の抜け毛やニオイは苦情の原因になります。ブラッシングが必要ですが、抜け毛が飛び散るのでお手入れの場所は限定されます。散歩中には服を着せて抜け毛に配慮する、靴を履かせて足裏の汚れを屋内に持ち込まないようにするのも◎。飼い主さんが粘着式クリーナーで服に付いた抜け毛を取るなどの気遣いも。動物が苦手な人の理解を得るためにも、できる限りの配慮をすることが大切です。

犬を弱らせない筋トレ&ストレッチ

特に高齢犬は一日中ケージの中で動かないと筋肉が衰えて弱ってしまうことも。雨天などで散歩に連れ出せないときも、飼い主さんがストレッチや筋トレをしてあげれば老化を防ぐことができます。ケージの中でオスワリとタッテをくり返すだけでも筋トレになります。

Checkしよう! 獣医師会による巡回診療を見逃すな

日本獣医師会によるガイドラインには、発災から48時間以内に動物救援本部を立ち上げ、72時間以内に巡回動物診療班を編成し避難所への派遣を目指すと設定されています。過去の災害では巡回診療は週に1回行われることが多いよう。また動物病院でも無料の健康相談が実施されることがあります。こうした情報は避難所の掲示板で告知されたりラジオで流れるのでチェックを。獣医療費が助成される場合もあります。

CASE 4

自家用車で犬と過ごす

人も犬も車中泊

POINT

自家用車がある人は車避難も可能。車避難のメリットとデメリットを理解してうまく利用したい。

車中泊のメリットは愛犬と一緒に過ごせること、ガソリンがあれば電気やエアコンも使えること、ある程度プライバシーが保たれること。見知らぬ犬猫と一緒に過ごす避難所より愛犬のストレスも減るでしょう。車中泊の場所は自宅の駐車場や避難所敷地内、許可が取れれば広場などでも可能です。

注意しなくてはならないのは熱中症。真夏でなくとも温かい時期は車内の気温が上がります。さらに飼い主さんはエコノミークラス症候群にも注意。いずれも命に関わります。

⚠ 犬が動き回ることで起きる事故

犬だけを車内に残してトイレに行ったり、外の空気を吸ったり。その間に予想外のトラブルが起こることもあります。犬が運転席に行けないようフェンスを付けるなどの対策を。

➡ {P.34} テントや車中泊用グッズ

パワーウィンドウを犬が動かす

窓を開けて犬が脱走したり、窓に首を挟んでしまったり……。開いた窓から犬を外に出そうとして飼い主さんが頭を車内に入れたりするのも危険。

犬がドアロックを掛けてしまい入れなくなる

犬が集中ドアロックボタンを押してしまい中に入れなくなることが。熱中症の危険があるときは窓を割る必要も。

リードが絡まり首吊り状態に

車内で動き回っているうちにリードが絡んでしまうこともあります。

 夏場はエアコンなしだと熱中症に

熱中症指数の推移

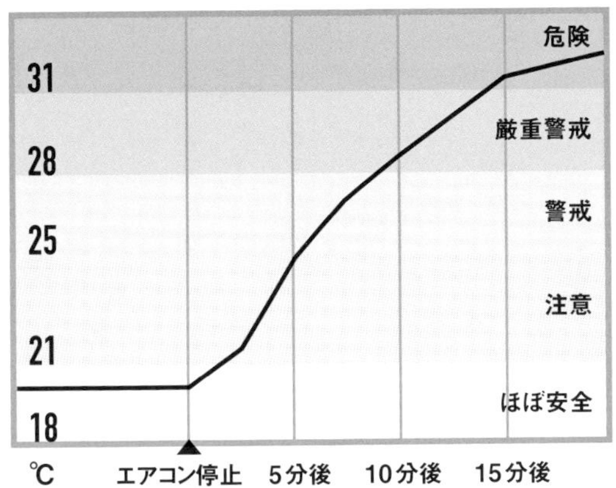

＊JAF実験結果より。窓を開けたり窓にサンシェードを付けても車内温度上昇を防ぐ効果はほとんどなし。

➡ P.83 熱中症の応急処置

エアコン停止後15分で危険に！

本来は排気ガスや騒音の観点から停車中にエンジンをかけっぱなしにすることはNGですが、災害時は熱中症を防ぐために仕方のないことも。ハイブリッドカーなどエンジンを停止してもエアコンが使用できる車もあります。ただしガレージ内や雪中ではエンジンをかけっぱなしにしないで。一酸化炭素中毒になってしまいます。

⚠ エコノミークラス症候群で死亡することも

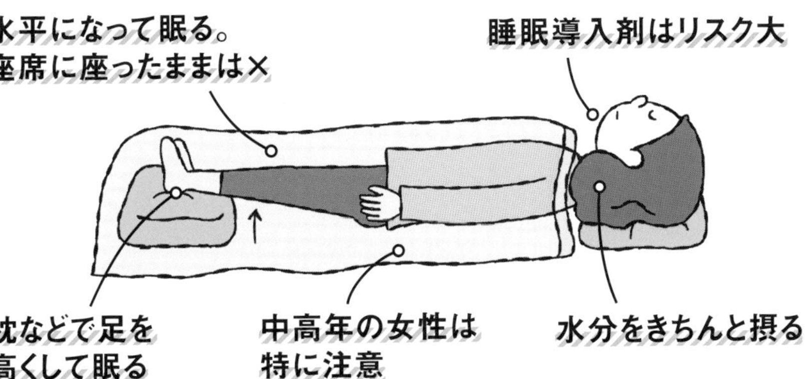

2016年の熊本地震では、発災から2か月の間にエコノミークラス症候群で入院した人が51人。そのうち42人が車中泊でした。原因は長時間同じ姿勢で足を動かさないこと。足に血栓ができ詰まってしまうのです。ホルモンの影響で女性のほうが血栓ができやすいので要注意です。

寝るときは座った姿勢ではなく体を水平にし、足を高い位置に。寝つけないからと睡眠導入剤を飲むと不自然な姿勢で寝てしまうためリスクを高めます。起きているときはできるだけ歩くことが大切。歩けないときは足首のストレッチをしたり、ひざ下までの着圧ソックスを履くのも有効。血流を悪くするので足を組むのはNG。トイレに並ぶからといって水分を摂らないのも危険です。

＊「エコノミークラス症候群におけるKEEP受援マニュアル」より

CASE 5 人も犬もテント

テントで犬と過ごす

テント生活なら犬と同じ空間で過ごせますし、ある程度プライバシーも保てます。足を伸ばして寝られるのでエコノミークラス症候群の心配もいりません。大きな地震に遭うと怖くて建物の中では寝られないという気持ちになり、テント生活を選ぶ人も多いよう。デメリットは寒暖の差を受けやすいこと、強風や豪雨時には適さないなど。ノミやダニなどのリスクも高いので犬には駆虫薬を忘れずに。体育館などで避難生活を送るときも室内にテントを張ることでプライバシー空間を作れます。

➡ P.34 テントや車中泊用グッズ

POINT

気候がよければテントで愛犬と過ごすのも◎。身近なモノでできるサバイバル術も覚えておこう。

テントの使用例

自宅に入れないときの仮宿として

片付けないと室内で過ごせない、倒壊の心配があるなどの場合、敷地内にテントを張っても。片付けるモノの一時保管場所としても使えます。

車と併用

車中泊とテント泊を合わせた生活。食事はタープの下、寝るときは車の中など行動の幅が広がります。

屋内でも

他人の目を気にせず着替えをしたり眠ることができます。自治体からテントが支給されることも。

知っ得！　サバイバル術

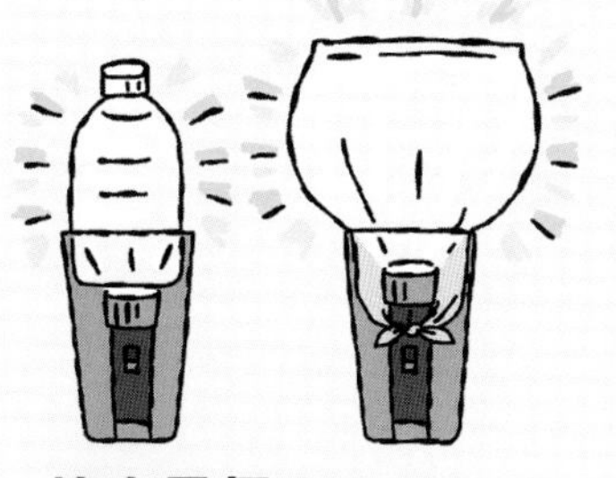

ペットボトルシャワー

ペットボトルの側面下側に2〜3㎜の穴を開けます。指で穴を押さえながら水を入れ、キャップを閉めれば指を離しても水は出ません。キャップを緩めれば穴から水が出ます。水を少量ずつ使うことができます。

懐中電灯の明かりを広げる

懐中電灯の上に水入りペットボトルを置いたり、ポリ袋を被せたりするだけで明かりが広がりランタン代わりに。コップに入れれば立てられます。

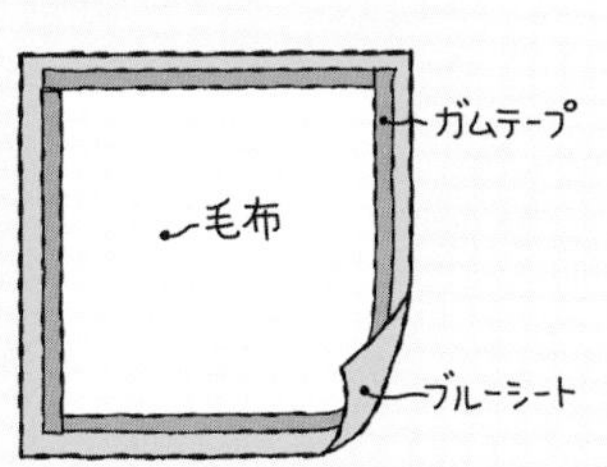

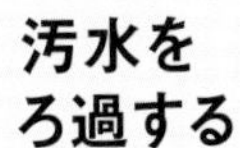

汚水をろ過する

ペットボトルの底を切り取り、キャップに小さな穴を開けます。洗った小石や砂をイラストのように詰め、上から汚水を注げば不純物がろ過されます。＊飲み水には適しません。

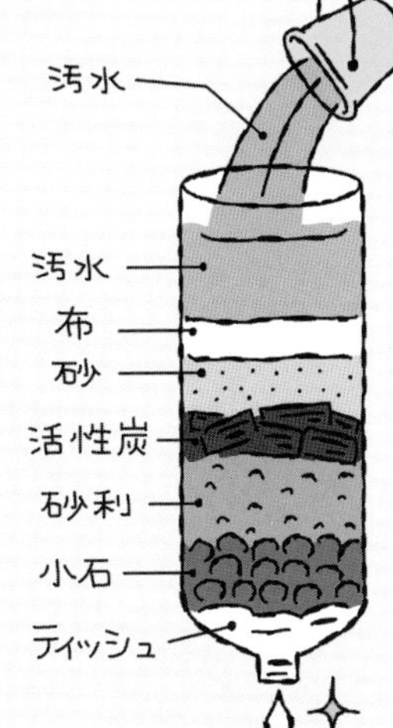

簡易寝袋

ブルーシートに毛布を貼れば完成。毛布を内側にして体に巻きます。

軽くなるリュックの背負い方

重いものはリュック上部に入れます。リュックが体に密着するようショルダーベルトを短く。胸ベルトがなければ代わりにタオルなどを巻いて。

CASE 6

どうしてもお世話できなければ 犬をあずける

① 動物病院やペットホテルにあずける

かかりつけの動物病院やよく利用しているペットホテルにあずけることができれば、避難所で過ごすより犬のストレスは少ないでしょう。動物病院は具合が悪くなったときもすぐに治療してもらえるので安心です。もちろん入院費や治療費はかかります。ただしワクチン未接種などの場合、あずかってもらえないことがあります。

➡ P.46 してないと困る！ 犬の健康管理

MEMO

ホテル避難もあり！

台風などあらかじめ予想できる災害の場合、被害の心配のないペットホテルに犬をあずけ、自分はホテルに宿泊するといった避難方法もあり。ペット可ペンションに犬と一緒に泊まるのも手です。

➡ P.12 複数の避難先を想定する

信頼できる動物病院にあずけることができれば、避難所で暮らすより犬のストレスは少ないでしょう。体調が悪くなればすぐに診てもらえるというメリットもあります。ただ、動物病院やペットホテルは災害時すぐに満室になることが予想されます。

避難生活が長期化する場合、遠方の知人や親戚に犬をあずけられると助かります。いざというときのために犬のあずけ先を平時に探し、約束しておくとよいでしょう。犬の飼育経験がある人がベターです。

POINT

いざというとき、犬をあずけられる知人や親戚を確保しておこう。できれば犬の飼育経験のある人が望ましい。

② 知人や親戚にあずける

避難生活が長期化する場合、生活を立て直すまで犬をあずかってくれる知人や親戚がいると安心。平時にあらかじめ約束をしておきましょう。与えるフードなど飼育方法をわかりやすく伝え、かかった費用は基本的に飼い主さんが負担します。犬の飼育経験のない人はうっかり脱走させてしまうことも多いため、脱走防止策も伝えましょう。

③ アニマルシェルターにあずける

2016年の熊本地震では九州災害時動物救援センターが被災動物の一時あずかりを行いました。

自治体や獣医師会による現地動物災害救援本部が被災ペットの救護・保護を行います。身を寄せている避難所がペット不可などの場合、こうしたところに犬をあずけるのもひとつの手。東日本大震災（2011年）の場合、発災から17日後には施設受け入れを開始しています。その他、民間のNPOやボランティアがあずかってくれる場合もあります。いずれの場合もあとでトラブルにならないために、あずかりの条件、期間、費用等を確認し、覚書を交わしておくようにしましょう。

被災後、生活再建が叶わなければ新しい飼い主探しをする選択肢も

一時的に犬を人にあずけたとしても、飼い主さんが生活再建して再び一緒に暮らせるようになるのがもちろんベストです。しかし、生活再建がなかなかできず何年もあずけたままの状態が続くなら、犬のために新しい飼い主探しを決断したほうがよい場合もあるでしょう。自分で新しい飼い主を探すときは、身元は確かな人か、生涯きちんと面倒を見てくれる人か見極めましょう。なかには里親詐欺のような人もいるので安易に渡してはいけません。動物災害救援本部などに飼い主探しを託すときは、犬の所有権を放棄します。

暑さ対策、寒さ対策

屋内の暑さ対策

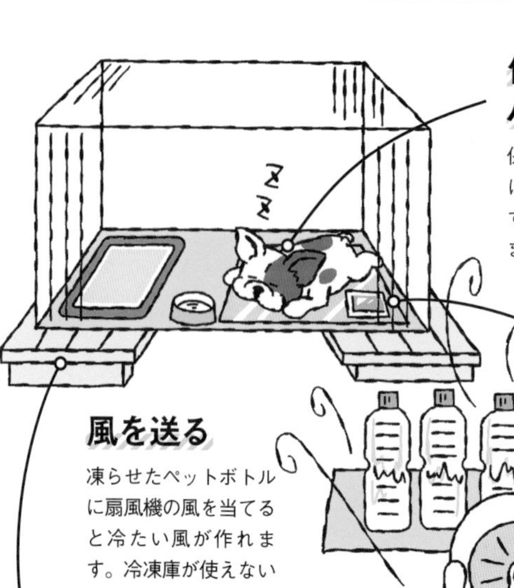

保冷剤入りのバンダナを巻く

保冷剤を布でくるみ首に巻けば効果的に体温を下げられます。保冷剤の中身を食べてしまうと中毒を起こすので注意。

クールマット

アルミ製などのクールマットで体を冷やします。マットの上に保冷剤を置くとなお◎。

風を送る

凍らせたペットボトルに扇風機の風を当てると冷たい風が作れます。冷凍庫が使えないときは水で濡らしたすだれ越しに風を当て気化熱で冷やしても。

床との間に隙間を作る

ケージの下にスノコなどで隙間を作ると風が通り抜け、クールマットも放熱しやすくなります。

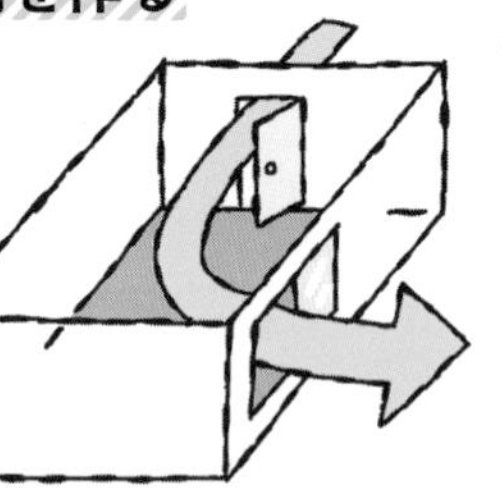

風通しをよくする

対角線上のドアや窓を開けると空気が通り抜けやすくなります。空気が入って来る側は小さく開けたほうが◎。

POINT

電気が復旧するまでの間はエアコンが使えない。暑さ・寒さを乗り越えるアイデアとグッズを揃えておこう。

停電でエアコンが使えないなか、問題となるのが暑さ・寒さ対策です。寒さは毛布にもぐれば何とかなりますが、暑さをしのぐのが難問。電気がなければ保冷剤も使えません。**叩くと冷える瞬間冷却剤や、濡らすと冷える冷感タオル、冷却スプレーなどを用意しておくとよい**でしょう。

涼しい場所を探して移動できる人間より、ケージの中などにいて移動できない犬のほうが熱中症リスクが高まります。せっかく助かった命を二次被害で失わないよう十分に注意を。

屋外の暑さ対策

木陰は涼しい

木陰は日光を遮るだけでなく、木の葉が水を蒸発して温度を下げます。そのためタープやブルーシートで作る日陰よりも木陰のほうが涼しいのです。

地面との間に隙間を作る

右ページと同様、ハウスの下にスノコなどで隙間を作る、保冷剤入りのバンダナを首に巻く、クールマットを敷くなどは屋外でも有効。ほかに、氷や凍らせたペットボトルを飲み水に入れたり、水を張ったタライを用意するのも◎。

アスファルトより土や芝生の上が◎

土や芝生は水を蒸発して温度を下げるため、アスファルトより10℃以上低いことも。犬が土を掘って涼むこともできます。

➡ P.83 熱中症の応急処置

➡ P.100 避難所でのお世話のコツ

サマーカットは逆効果

丸刈りにすると直射日光や虫刺されへの防御力がゼロになり、熱中症や寄生虫のリスクを高めることに。体のお手入れを減らしたい長毛種の場合も数㎝残してカットするなど、皮膚を露出しない程度にしましょう。

霧吹きで体を濡らしてあげるのも◎

犬の体に水スプレーをかけるのも効果あり。被毛ではなくできるだけ地肌を濡らしてあげると効果があります。夏場は虫よけも必要。犬に無害なユーカリやレモングラスなどのアロマオイル、ハッカ油などを水に混ぜれば虫よけスプレーになります。

寒さ対策

服やスヌードで保温

スヌードで耳を覆ったり、服を着せて防寒。湿気で発熱する機能性をもつ服もあります。

➡ P.54 服や靴に慣らす

使い捨てカイロは10時間以上温かさが持続

カイロの中身を誤食しないよう、タオルなどでくるんで使用します。半日ほどで新しいカイロと取り換えます。

ケージの天井や側面を覆う

段ボールや緩衝材（エアーキャップ）でケージをすっぽり覆って、隙間風を防ぎます。

高床式にする

地べたは気温差が激しく冷えやすいのでスノコに乗せるなどして高さを出します。スノコの下は新聞紙などで詰め物をすると◎。机などの上にケージを乗せても。

段ボールや発泡スチロールで断熱

床からの冷気を防ぐためにケージの下に段ボールや発泡スチロール、銀マットを敷くと◎。

運動させるのも寒さ対策に

じっとしている時間が長いと体が冷えます。できる限り散歩に連れ出すのも◎。夜はテントや車で一緒に寝ればお互いに温まれます。

ペットボトルで簡易湯たんぽ

カセットコンロでお湯を沸かし、ペットボトルに注いでタオルを巻けば簡易湯たんぽの出来上がり。熱湯だとボトルが変形してしまうので水と1対1で混ぜるなどして60℃程度にします。

➡ P.85 低体温の応急処置

人間の暑さ・寒さ対策

首の後ろを冷やす

太い血管が通っている首や脇の下を保冷剤などで冷やすと効果的に体温を下げることができます。冷却ジェルシートを貼るのも◎。

下も上も大きく開いている服

ゆったりした服で体温を逃がします。シャツの裾もアウトに。ズボンもベルトではなくサスペンダーで吊るすと放熱しやすくなります。

暑さ対策

屋外では帽子や日傘で日差しを防ぎます。脱水状態にならないように水分とミネラルをこまめに摂って。汗が出るたびに乾いた布ですぐ拭き取ると体温を下げられません。濡れタオルで拭くなどして皮膚を湿った状態にしておくと◎。乾電池式の扇風機もあると役立ちます。

インナーに綿はNG

綿の下着は汗を吸ったあと乾きづらく、水分を保つので冷えてしまいます。ウールや絹、吸水速乾の機能性インナーが◎。

尾てい骨にカイロ

尾てい骨を温めると全身を温めることができます。

足先にアルミホイル

アルミホイルで足先を包むと保温できます。2枚重ねの靴下の間に入れると◎。歩きまわるとホイルがボロボロになるので就寝時などにおすすめ。

寒さ対策

新聞紙は優秀な防寒グッズ。新聞紙をおなかに巻き上からラップを巻きつければ腹巻に。足先が冷えるときは2枚履き靴下の間に新聞紙を入れたり、丸めた新聞紙を入れたポリ袋の中に足を入れて温まっても。フリースやダウンジャケットは雨や雪、風が強い日の外着には適しません。風や水を通さないものを。

犬が迷子になってしまったら

① いなくなった地点を中心に放射状に捜す

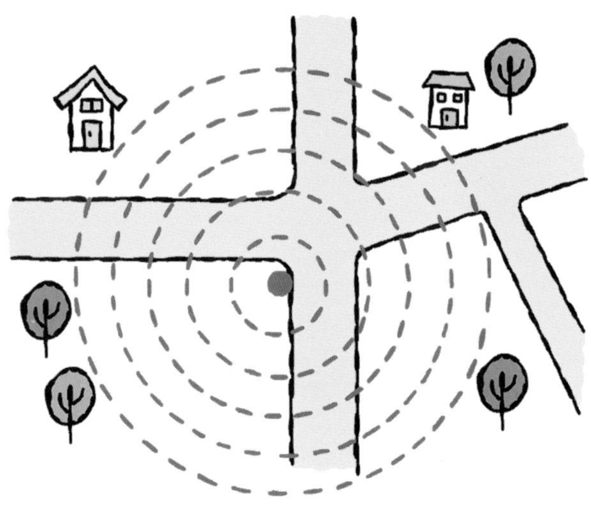

チェックポイント

- □ 走り去った方角
- □ 普段の散歩ルート
- □ お気に入りの公園、仲がよい犬の家
- □ いつもいく動物病院やペットサロン

リードとフード、迷い犬チラシを用意して名前を呼びながら探します。いなくなった地点を中心に放射状に捜すのがコツ。包囲網を張るように放射状にチラシを貼ったり家にポスティングします。通行人にもチラシを渡し聞き込みを。犬が1日に移動できる距離は小型犬で1㎞以上、中・大型犬で5㎞以上。怖がりの犬は人通りの少ないほうへ逃げる傾向があります。公園や路地、物置の下などに隠れたまま動かず、夜になってから行動する犬も。

地震の揺れで家の窓が勝手に開いたり、係留していたリードを噛みちぎって脱走したりと、災害時は迷い犬が多く見られます。見つけるためには可能な限り早く捜索を開始すること。時間が経つほど遠くへ行ってしまう恐れがあります。

ちなみに平時に自治体施設に収容された動物は一定期間で飼い主が見つからないと殺処分される場合もありますが、被災地で保護された身元不明の動物は飼い主がいる可能性が高いことから収容期間が長くなります。

POINT

壊れた家から逃げ出す、避難先で脱走するなど災害時に迷子になってしまう犬は多い。早めに捜索を。

② 関係各所に届け出る

届け先

- □ 地域の交番、警察署
- □ 地域の保健所、生活衛生課管理係
- □ 地域の動物愛護センター
- □ 地域の動物病院　□ 地域の清掃事務所
- □ 現地動物災害救援本部

迷子の犬は目立つもの。誰かに保護されている可能性も高いため各所に届け出ましょう。迷い犬チラシも一緒に提出すると犬の特徴を伝えられます。発災直後は警察や保健所も混乱していて迷い犬の確認まで手が回りませんが、体制が整い次第連絡を。車に轢かれるなどして路上で遺体になった場合は、清掃事務所に回収され焼却されることがあります。

③ 迷い犬チラシを作る

自分で探すのには限界があります。迷い犬チラシを作って広く情報を募りましょう。被災後の混乱時に写真入りのチラシを作る余裕はなかなかないため、あらかじめ作っておき非常用持ち出し袋に入れておくのが◎。迷子になった場所の周辺に許可を取って貼らせてもらうほか、近所の動物病院や避難所の掲示板などにも貼らせてもらいましょう。迷い犬情報を掲載できるサイトやアプリも活用しましょう。

「ドコノコ」迷子捜し
URL
https://www.dokonoko.jp/lost-child

迷子になった場所を記載

特に自宅から脱走した場合、遠くへ移動することは少ないもの。ですから場所の情報は必要です。犬の名前や年齢は捜索にはあまり必要ないので他の情報を優先。

特徴がわかるカラー写真

犬の顔や模様、しっぽの長さや形、首輪の色などがわかるカラー写真が必須。1枚ですべての特徴がわからない場合は数枚入れます。モノクロの写真やチラシでは特徴が伝わりづらいですし注目度も下がります。

電話番号を必ず記載

メールを使い慣れない人もいるので電話番号が必須です。

3 避難生活
犬が迷子になってしまったら

＊『ドコノコ迷子犬捜しマニュアル』©HOBONICHI

生活を再建する

被災後は生活再建に向けて歩き出さなければなりません。避難先で生活しつつも自宅の片付けを始めるなど、愛犬のためにも1日も早く日常を取り戻しましょう。

発災後しばらくすると生活再建に関して相談できる窓口が役所などに設けられます。フリーダイヤルで電話相談できる場合も。何から取り掛かればいいかわからないときも、話を聞いてもらうことで頭が整理できることが多いものです。ボランティアの手を借りたいときは災害ボランティアセンターに相談します。

POINT

ボランティアの手や経済支援制度も利用しながら、生活再建に取り組もう。愛犬との日常を取り戻そう。

まずは「り災証明書」を取得

《 認定区分 》

	全壊	大規模半壊	半壊
損壊割合	70%以上	70～50%	50～20%
損害割合	50%以上	50～40%	40～20%

＊「損壊」とは文字通り住家の損壊、消失、流失のこと。
「損害」とは施工価格など経済的被害を指します。

「り災証明」とは、災害で被災した家屋の被害程度を市区町村が調査し公的に証明するもの。各種の被災者支援制度や給付金を受けるとき、仮設住宅へ入居申請をする場合などに必要になります。被害程度を記録しておくために、片付ける前に写真撮影を。調査前に自宅を修繕する場合は見積書や領収書も保管しておきます。

災害に乗じた詐欺に注意！

過去の災害では家の修繕業者を装い代金を前払いさせた後連絡が取れなくなったり、「無料点検します」と家を訪ね「修理が必要」と高額な契約を迫ったりする詐欺が発生しました。「火災保険が使える」「無料で保険の申請代行をする」と勧誘する人も。修理は複数の業者から見積もりを取り、保険適用かどうかも自身で確認しましょう。怪しいと感じたら消費生活センターに相談を。

さまざまな経済支援制度を利用しよう

被災者にはさまざまな経済支援制度が用意されているので、利用しない手はありません。利用するために必要な「り災証明書」を取得したうえ、よく調べて支援を受けましょう。地震保険や自然災害共済に加入している人はその保険金や補償も受けられます。
現金が必要なのに預金通帳やキャッシュカードを紛失してしまった場合、運転免許などの本人確認書類があれば銀行で窓口対応してくれる場合があります。一部破損した紙幣でも一定の条件を満たせば銀行で半額〜全額に換金してくれます。

災害弔(ちょう)慰(い)金・災害障害見舞金

災害によって亡くなられた方や行方不明になられた方の家族は災害弔慰金を受け取ることができます（生計維持者が亡くなった場合は500万円）。負傷・疾病で重度の障害を負ってしまった場合には災害障害見舞金を受け取ることができます。

被災者生活再建支援金

災害によって住んでいる家が全壊するなど、生活基盤に著しい被害を受けた世帯に対して支給される支援金。住宅の被害状況などに応じて最大300万円。

災害援護資金・生活復興支援資金

世帯主の負傷や住宅全半壊などの場合、最大350万円の貸付が受けられます。また低所得世帯にはしばらくの間の生活費や転居費など生活再建のための支援金の貸付が受けられます。

災害復興住宅融資・住宅ローン控除の継続

被災住宅の補修や住宅建設・購入のために、最長35年、全期間固定金利の低利融資を受けられます。また、住宅ローン減税の適用中に災害で自宅を失った場合、継続して適用を受けられます。

自然災害による被災者の債務整理

ローン返済中に自然災害に遭った場合の措置として2016年から始まったもの。一定の条件を満たせば、生活再建に必要な現預金最大500万円程度を手元に残し、残りでローンの一部を返済、返済しきれない残りのローンは減免されるというシステム。個人信用情報に登録されないため、新たな借り入れがしやすく生活再建がしやすい、自己破産より多くの現預金を手元に残せるなどのメリットがあります。

＊2020年11月現在のデータです。

仮設住宅で犬と暮らす

仮設住宅は2種類ある

	応急仮設住宅	みなし仮設住宅
どんなもの?	被災地近くに新たに建設される住宅	民間の賃貸物件などを借り上げて被災者に提供される住宅
家　賃	各自治体が負担（光熱費などは被災者が負担する）	各自治体が負担。ただし規定の家賃内の物件に限られる（熊本地震での熊本県の場合、6万円以下）
広　さ	1戸当たり平均9坪（家族構成に応じて6坪、12坪の3タイプあり）	規定の家賃内であれば自由
場　所	被災地のそば	被災地から離れた場所のことが多い
期　間	原則、完成から最長2年3か月	原則、最長2年
ペットの同居	ペット可が増えているが現状まだ少ない	その物件がもともとペット可でなければ、ペット飼育は不可

自宅が損壊して修繕に時間が必要な場合や、新しい住まいに移るのに時間がかかる場合は仮設住宅に移り住みます。上記のように仮設住宅は2種類あり、ペットと一緒に暮らせる可能性が高いのは応急仮設住宅。発災後数か月で完成します。しかし希望者に対して数が少なく、抽選で外れると入居できないため、できれば他に身を寄せる場所を確保しておきたいもの。また入居できたとしても集合住宅のため、室内飼い、飼い主の会に入るなどのルールは順守する必要があります。

POINT

犬と一緒に暮らせる仮設住宅は少ない。できれば新しい住まいを見つけるか親戚宅などに身を寄せるのがベター。

column

～人と犬のPTSD～

ＰＴＳＤとは、心的外傷後ストレス障害のこと。強いショックや精神的ストレスを受けたあと、時間が経ってもその経験に対して強い恐怖を感じる状態のことです。辛い体験をすると誰でも眠れなくなったりするものですが、それが何か月も続く場合はＰＴＳＤと診断されます。災害では家族に犠牲が出たり住居を失うなどのショックに加えて、生活の変化を余儀なくされる、将来への不安が高まるなど大きなストレスがかかります。そのため不眠やうつ症状、食欲不振などの症状が現れる人が少なくありません。辛いときは自分一人で我慢せず、専門家に相談しましょう。災害時は救護チームのなかにカウンセラーがいることもありますし、心療内科や地元の精神保健福祉センターに相談してもよいでしょう。

人と同様、犬にもＰＴＳＤのような症状が出ることがあります。ただ犬の場合、それが心的外傷のせいなのか、それとも被災後の生活の変化によるものなのかははっきりしません。いずれにせよストレスが原因でさまざまな不調を起こすことが知られています。特に食欲不振や下痢、嘔吐、脱水などの内科的症状を起こすことが多いよう。普段はおとなしい犬が神経質になって咬みついたり、少しの物音にも過剰に反応するなどの行動も見られます。

一番大切なのは、飼い主さん自身が落ち着くことです。飼い主の不安や動揺はペットに伝わってしまいます。発災直後は飼い主さん自身もパニックになっているかもしれませんが、犬を守れるのは自分しかいないことを思い出しましょう。優しい言葉をくり返しかけてあげたり、なでてあげるなどのスキンシップも効果があります。愛犬と仲良しの犬が精神的に安定しているなら、一緒に過ごさせるのもよい方法です。

また、どんな症状であるにせよ必ず獣医師の診察を受けるようにしてください。内科的な原因がある場合もありますし、精神的な原因だとしても薬やサプリメントで落ち着かせることができます。

守るべき者（ペット）がいることで踏ん張れたという声も、過去の災害の経験者から聞こえます。お互いに相手を癒やす存在として支えあうことができたら、厳しい状況も乗り越える力となることでしょう。

Point

- **精神的に辛い状況のときは専門家に相談を**
- **飼い主の不安はペットに伝染する**
- **ペットの症状は必ず獣医師に診せる**

Goods

犬のために用意する 非常用グッズリスト

ほしいものは数多くあれど、すべてをいっぺんに持ち出すのは不可能。取捨選択して持ち出しグッズを揃えましょう。

同行避難の必須アイテム

□ リード、ハーネス（複数あると◎）

□ キャリーバッグ

犬の首輪に鑑札と狂犬病
予防注射済票を付けておこう！
マイクロチップや迷子札も
装着しておくと
迷子になったときに役立つ

優先順位 1

最優先で持ち出すモノ

□ ドッグフード（療法食含む）

□ 持病の薬

□（必要なら）薬を飲ませるための投薬補助食品、シリンジなど

フードは
ローリングストック法で
なるべくたくさん
備蓄しておこう

優先順位 2

できれば持ち出すモノ

□ 犬が写っている写真

□ 犬と飼い主が写っている写真

□ 犬の健康手帳
（P.124参照。混合ワクチン証明書、各種検査表などもあると◎）

□ 迷い犬チラシ

写真類、
犬に与えている薬品名、
健康手帳などの
データはスマホにも保存。
Googleドライブなどの
ファイル保管サービスにも
入れておこう

あれば便利なモノ・あとから持ち出すモノ

- □ ケージ
- □ ペットシーツ
- □ トイレトレー
- □ ウンチ袋
- □ 犬ベッド
- □ 食器、水入れ
- □ エリザベスカラー
- □ ブラシ
- □ おもちゃ
- □ ペット用消臭剤
- □ 水のいらないシャンプー
- □ クールマット（夏場）
- □ 犬用の服、靴

重たいケージを
はじめに持ち出すのは難しい。
取り出しやすいところに置いておき
落ち着いたら持ち出そう

人間と共有で使えるモノ

人にも犬にも使えるモノなので、揃えておくと便利です。

- □ 飲み水（軟水）
- □ スポーツドリンク（粉末タイプがかさばらない）
- □ 救急セット
  （包帯、ガーゼ、サージカルテープ、
  綿棒、ハサミ、ピンセット、滅菌水、
  消毒用エタノール、ワセリンなどがあると◎）
- □ タオル、毛布
- □ 食品用ラップ
- □ 布テープ、ガムテープ
- □ カッター
- □ 油性ペン
- □ 新聞紙
- □ ポリ袋（大・小）
- □ ウエットティッシュ
  （ノンアルコールタイプ）
- □ トイレットペーパー
- □ 掃除用具
- □ 湯たんぽ、カイロ（冬場）
- □ 瞬間冷却剤（夏場）
- □ 乾電池式の扇風機（夏場）

大人1人が持ち出せるのは、
犬を含め10～15kgが限界。
現実的な量と重さに調整して

Goods

自分のために用意する 非常用グッズリスト

まずは自身が生き延びなくては、犬を守ることは不可能です。いま一度、非常用グッズを見直しましょう。犬用のグッズ同様、最初に持ち出すモノ、備蓄しておいてあとから持ち出したいモノなどに分けて揃えましょう。

非常用持ち出し品

- □ 持病の薬、常備薬
- □ ヘッドライト、懐中電灯
- □ 携帯ラジオ
- □ スマホ充電器
  （電池式が◎）
- □ ヘルメット、防災ずきん
- □ 軍手、マスク
- □ 電池
- □ ライター
- □ ロウソク
- □ 万能ナイフ
- □ 現金、小銭
- □ 防災マップ
- □ エマージェンシーシート

飲食品

- □ 飲み水
- □ 主食
  （レトルトご飯、麺など）
- □ 主菜
  （レトルト食品、冷凍食品など）
- □ 缶詰
  （肉や魚の惣菜、果物、豆類など）
  ＊缶切りなしで開けられるモノ
- □ 野菜ジュース、野菜スープ
- □ 加熱せず食べられるモノ
  （かまぼこ、チーズなど）
- □ 菓子類
  （チョコレート、飴など）
- □ 栄養補助食品
- □ 調味料
  （しょうゆ、塩など）

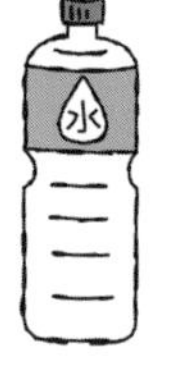

災害時だからこそ栄養がある
おいしいものを食べるべき！ 災害用に
市販されている食品を揃えるだけでなく
おいしいレトルトを探してみるなど
いろいろ工夫してみて

飲み水は大人１人につき
１日２～3ℓ必要。
水にこだわらずお茶や
ジュースでもOK

生活用品

- □ ティッシュペーパー
- □ トイレットペーパー
- □ カセットコンロ、ガスボンベ
- □ 非常用トイレ
- □ ラテックス手袋(使い捨て)
- □ 洗面用具、歯ブラシ、液体歯みがき
- □ 水のいらないシャンプー
- □ 除菌アルコール
- □ 衣類、下着

女性用

- □ 生理用品
- □ パンティライナー
- □ 携帯ビデ
- □ ヘアゴム
- □ 化粧水などの基礎化粧品
- □ 防犯ブザー、ホイッスル
- □ カップ付きTシャツ

まとめておきたい貴重品

- □ 貯金通帳
- □ 株券
- □ 免許証
- □ 健康保険証
- □ お薬手帳
- □ 年金手帳
- □ 印鑑
- □ 家族の写真

紙製のモノは
ファスナー付き
ビニールケースに
入れておくと◎

書き込み式 愛犬の健康手帳

避難生活中、犬をあずかってもらうことを想定して、お世話してもらう人に伝えたい情報を書き込みましょう。

＊複数いる場合はコピーしてご使用ください。ワクチンの最終接種日等は都度更新しましょう。

犬の名前		♂　♀
犬の顔・毛柄・しっぽの特徴がわかる写真をここに貼りましょう		
犬種	誕生日　年　月　日	
身元表示	首輪　あり／なし（特徴　　　）	
	鑑札　あり／なし（番号　　　）	
	迷子札　あり／なし（特徴　　　）	
	マイクロチップ　あり／なし（番号　　　）	
健康管理	去勢・避妊手術　未／済	最終発情日（未手術のメスの場合）　年　月　日
	狂犬病予防接種　未／済	最終接種日　年　月　日

健康管理	混合ワクチン接種	未 ／ 済	最終接種日	年　月　日 ワクチンの種類（　　　）
	寄生虫駆除	未 ／ 済	最終投薬日	年　月　日 薬剤名（　　　）
食事	普段のフード			
	食事の回数		量	
持病	持病	いつから（　　　） 症状（　　　）		
	持病の薬（薬の名前、投薬の量・回数等）			
飼い主	住所			
	電話番号		Mail	
かかりつけ動物病院	病院名			
	電話番号			
	住所			
	診療時間		休診日	

Twitter

災害時、電話やメールが使えなくなっても使えるツールのひとつ。デマが流れることもあるので、信頼できる情報源を確保しておきましょう。確認できない情報はリツイートしないようにしましょう。

役立つアカウントをフォロー

内閣府防災……@CAO_BOUSAI
首相官邸（災害・危機管理情報）……@Kantei_Saigai
総務省消防庁……@FDMA_JAPAN
国土交通省……@MLIT_JAPAN
日本気象協会公式の天気予報専門メディア……@tenkijp
NHKニュース……@nhk_news
など

自分の地域のアカウントをフォロー

東京都防災……@tokyo_bousai
名古屋市防災……@nagoya_bousai
東京都交通局……@toeikotsu
熊本市交通局……@kumamoto_shiden
など

こんな使い方も

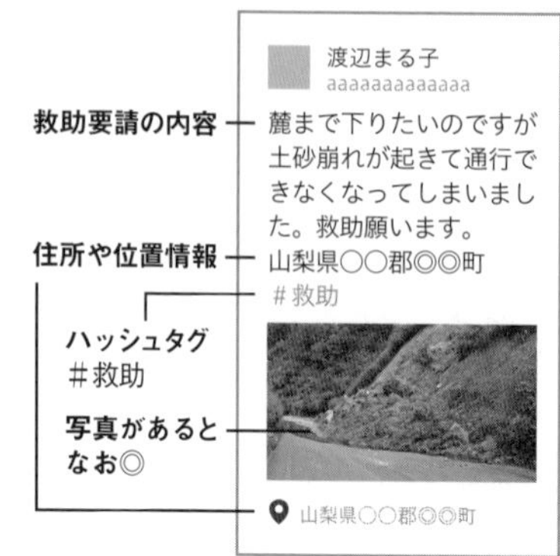

災害時には電話回線がパンクして110番や119番も通じないことがあります。そうしたときに救助要請したい場合はTwitterが役立ちます。「#救助」ハッシュタグとともに要請内容、写真、住所または位置情報など、具体的かつ正確な情報をつけて発信。救助されたら報告ツイートをし、救助要請ツイートを削除します。

情報収集 & 安否確認ツール

災害時、正しい情報を把握できるか否かで明暗が分かれることも。家族との連絡を取る方法も必要です。

LINE

災害時、電話やメールが使えなくなっても使えるツールのひとつ。家族や友人の安否確認などに利用できます。また、普通の電話回線はつながらなくても、インターネット回線がつながっていれば、LINEのトーク・タイムライン・無料通話は利用可能です。

家族や友人の安否を確認

あらかじめグループを作っておけば、それぞれの安否確認ややりとりがしやすくなります。既読マークがつかない相手はひっ迫した状況ということがわかります。

自分の居場所を伝える

長距離を歩いて帰らねばならないのに現在地がよくわからなかったり、同じ避難場所でも居場所が違って家族と出会えないことも多いもの。LINEの位置情報送信機能が役立ちます。

自分の状況を伝える

自分の名前の横に表示される「ステータスメッセージ」を変更することで、自分の居場所や状況をLINEでつながっている人全員に知らせることができます。

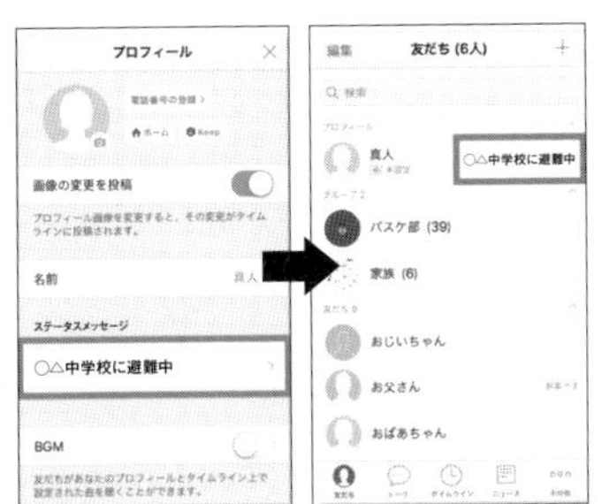

その他お役立ちサイト

首相官邸（防災情報）……http://www.kantei.go.jp/jp/headline/bousai/
内閣府（防災情報）……http://www.bousai.go.jp/
国土交通省（災害・防災情報）……http://www.mlit.go.jp/saigai/
NHK各地域災害情報……http://www5.nhk.or.jp/saigai/
NHK気象・災害情報……https://www3.nhk.or.jp/weather/disaster/

編集・執筆

富田園子

ペットの書籍を多く手掛けるライター、編集者。日本動物科学研究所会員。編集・執筆した本に『いぬほん』『はじめよう！柴犬ぐらし』（ともに西東社）、『決定版 猫と一緒に生き残る防災BOOK』（日東書院本社）など。

監修

平井潤子

人と動物の防災を考える市民ネットワーク、NPO法人アナイス代表。緊急時に飼い主と動物が同行避難し、人と動物がともに調和して避難生活を送ることができるよう、知識と情報の提供を行っている。

http://www.animal-navi.com/

村中志朗

獣医師、広尾動物病院院長。NPO法人ANICE副理事長、東京都獣医師会会長。本書の獣医学部分（応急処置等）を監修。

STAFF

デザイン ………… monostore（日高慶太、酒井絢果）
イラスト ………… フジサワミカ
企画・進行 ………… 本田真穂

いちばん役立つペットシリーズ

決定版 犬と一緒に生き残る防災BOOK

2021年1月15日 初版第1刷発行

編　者 犬防災編集部
編集人 宮田玲子
発行人 廣瀬和二
発行所 株式会社 日東書院本社
〒160-0022 東京都新宿区新宿2-15-14 辰巳ビル
TEL 03-5360-7522（代表） FAX 03-5360-8951（販売部）
URL http://www.tg-net.co.jp/
印刷・製本所 図書印刷株式会社